共和国之声

中国播音口述史

（第一卷）

姚喜双　主编

李　颖　邵　鹏　编著

ZHEJIANG UNIVERSITY PRESS
浙江大学出版社
·杭州·

前言

现在开展对中国播音口述史的梳理研究工作无疑是重要且正逢其时的。此次，中国播音口述史作为国家社科基金项目立项，研究团队不仅进行了认真的论证、科学的规划和扎实的调研，而且秉持着对党的忠诚和对史实的尊重，开启了这项具有开创性的工作，可谓意义重大。

2020 年是中国人民广播事业创建 80 周年，2021 年更是中国共产党成立 100 周年，我们党的新闻事业和我们的人民广播事业从无到有，从小到大，从弱到强，历经革命、建设、改革开放和中国特色社会主义新时代不同历史时期和阶段，取得了辉煌业绩，积累了宝贵经验。此时，通过播音口述史的梳理和研究，回溯历史，不忘初心，展望未来，践行使命，恰是时代赋予新闻传媒人的责任与担当。

在我看来，播音口述史的研究具有艰巨性和复杂性、传承性和发展创新性、见证性和实践性的特点。

第一，播音口述史的研究涉及中国播音发展的近百年历史和中国人民播音事业 80 多年的奋斗历程，播音员、主持人显然是播音口述史工作观照的主体，他们是中国新闻事业和播音事业的亲历者，他们是听众和观众心中的“时代脉动”，他们的声音和故事亲切真实，有着直抵人心的温度和力量。同时，播音口述史的宽度与广度又不止于此，随着岁月的流逝，即便是第一手的信息源，也需要多维度的史料进行相互补充和验证。因此，播音口述史并不仅仅是播音员和主持人的口述，也需要来自他们子女、亲属和同事的声音，并融入新闻事业整体发展历程的宏大叙事，以此带来更为宽广的话题辐射和更为鲜活的历史细节。同时，播音口述史还包括那些我们广播电视事业发展中的重大的播音事件、重要的播音作品、重要的创作活动等。只有通过这样的历史记录和梳理，我们才能知道中国人民广播电视事业所取得的成就从何而来，以及我们将往哪里去。对于中国广播电视史研究的后来者和广大受众而言，唯有这样丰富且多方面的口述材料，才能让人们更为直观地感受到，在波澜壮阔的宏大历史叙事背后，更多的是新闻传媒人砥砺前行的奋斗史、勇挑重担的敬业史。

第二，播音口述史的研究着眼于优良传统的传承。正如习近平总书记在2015年春节团拜会上指出的："我们正在进行的中国特色社会主义事业，是前无古人的开创性事业……我们要永远保持清醒头脑，继续发扬筚路蓝缕、以启山林那么一种精神……"[1]中国人民广播电视事业经历了艰苦卓绝的奋斗，创造了辉煌的成就，而其间所依靠的无疑就是这样的一种精神。这种精神来源于党对广播电视事业的正确领导。同时，这种精神是在新闻实践中将党性原则作为新闻舆论工作的根本原则。播音口述史所记录的正是中国人民广播电视事业中播音员和主持人坚持党的领导、坚持党性原则和贯彻马克思主义新闻观的宝贵资料，也正是通过对这些历史记录的挖掘和梳理，我们更清楚了党的新闻宣传工作的发展历程和我们的播音员、主持人在广播电视战线中是如何恪守原则、贯彻精神、履行使命的。而这样的精神也正是当下需要弘扬和传承的。

---

1 习近平:《在2015年春节团拜会上的讲话》，2015年2月17日，Http://www.gov.cn/xinwen/2015-02/17/content-2820563.htm, 2021年4月25日。

第三，播音口述史的发展体现出的既是技术的发展，也是语言的发展，更是时代的发展。从口述史的内容上看，播音口述史中包含的内容有广播，有电视，有声音，有画面。这是媒介技术发展的过程，从一开始的广播播音，随着技术条件的发展，又有了电视播音，现在有了网络，产生了新媒体的播音，继而有了融媒体时代的播音。通过口述史，我们可以更清晰地看到广播电视的不同形态，看到播音主持的不同样态，看到技术是如何推动广播电视事业一步一步地发展起来的。同时，技术推动了语言的发展。播音口述史可以呈现这样一个语言发展变化的过程，也正是因为形成了今天这样的语言样态，才使得当下的播音员、主持人更具活力和时代感。另外，播音口述史还将广播电视的历史、播音的历史和政治、经济、文化、科技、社会环境等的宏大发展历史联系起来。譬如，新中国成立以前，是人民广播在践行发展的记录。人民广播创立于 1940 年，1949 年以后，我们到了和平建设时期，那个时候的历史得以记录留存，后来“文革”时期播音事业也遭遇了一些坎坷，再到改革开放以后，尤其是进入新时代，我们的播音主持事业取得了全面发展。

第四，播音口述史研究正处于中国实现“两个一百年”奋斗目标的历史交汇点。一方面，口述的历史无疑将成为第一个百年奋斗目标实现的重要见证；另一方面，口述史的研究也将成为展望第二个百年奋斗新征程、新目标的重要契机。回溯人民广播事业 80 多年的发展历程，我们可以看到，这是一个中国特色社会主义播音主持体系基本建立的过程，而播音主持口述史的挖掘和梳理正是诠释这样的一个过程。中国特色社会主义播音主持体系，在形态上包括广播播音、电视播音、网络主持这三种形态；在类型和题材上包括新闻播音、专题播音、综艺播音、知识服务类节目播音等；在语言种类上则包括普通话播音、方言播音、民族语言播音、外国语言播音、手语主持播音和以数字信息为基础的人工智能机器人播音等；在组织机构上包括从中央、省级到市级和县级的四级广播电视机构，其中县级发展成为现在所说的县级融媒体。同时，中国特色社会主义播音主持体系也包括播音主持的教育，通过口述史的记录和研究，我们可以看到播音主持的人才培养是一个日益完善的过程。从战争年代一对一的师父带徒弟，到20世纪50年代的培训班，后来建立了北京广播学院，再到现在的中国传媒大学。我们培养播音人才的层次逐步从大专、本科、硕士，提升到博士、博士后，在播音主持专业中形成了相对完善成熟的人才培养体系，这是人民广播事业80多年来的重要成就。当然，中国特色社会主义播音主持体系还处于一个不断完善和发展的过程中。我们跨入新时代、迎来新百年，但还处于社会主义初级阶段，依然需要认识到发展不平衡、不充分的情况依然存在。具体反映在中国广播电视和播音主持的体系建设上则是，我们虽然已经拥有了理论和实践体系，但在一定程度上它们还处于“小康水平”，称不上健全到完全建立的水平。随着国家的发展，“十四五”规划和“二〇三五年”远景目标的实现，尤其是到2035年基本实现现代化，到第二个一百年完全实现现代化，建成富强民主文明和谐美丽的社会主义现代化强国的时候，中国特色社会主义播音主持体系也将全面建成。而播音口述史的研究和梳理也将会继续展开，见证这样一个从不平衡、不充分到不断完善、逐步健全，直至完全建成的伟大历程。

第五，播音口述史的梳理和研究具有重要的实践价值。我们要感谢这些播音员、主持人和他们的家人朋友共同参与口述史的录制过程。尤其是老一辈著名的播音员和节目主持人，他们口述的音视频资料是非常珍贵的。将这些珍贵的音视频资料存储起来、开发出来、宣传开来，一方面可以作为当代史、新闻史、广播电视史研究的重要历史文献资料；另一方面它们也可以成为重要的教学资源和学术研究资源。在教学中，它们可以服务新闻采编专业、广播电视专业的高校师生；在培训中，它们可以作为重要的典型案例来培训新入职的播音员；在党史研究中，它们也是研究党的宣传思想的重要资源；在语言学的研究中，这些音视频资料也大有用场。所以，播音口述史面对的这些丰富的资源是一座尚未充分开发的宝藏，除了要将它们尽早地保存起来，更要将它们分门别类地制作成播音图史、画册，转为静态的平面媒体资源便于未来的开发利用。还可以将其制作成视频节目广为宣传，使广大受众都能了解到人民广播播音的历史，丰富思想政治教育课程。甚至，这些珍贵的视频语音资源还可以制成视频库和语料库，在为播音员提供标准语言参照的同时，成为未来人工智能合成的重要素材。就当前而言，播音口述史这座宝藏，既是未来各项工作的原材料，也是亟待妥善保存的半成品，不仅需要进行梳理、保存，更需要积极地开发和利用。

中国播音口述史作为国家社科基金项目，其成果的形成显然不是一蹴而就的，而是要通过对不同年代的播音状态分析、分阶段循序渐进地采访和录制，形成逐步完善的口述史资源库。第一阶段可以选择播音界前辈和著名播音艺术家，这里包括战争年代像齐越这样著名的播音艺术家、播音教育家，20 世纪 50 年代的夏青、葛兰、林如、沈力、陈醇、关山等，60 年代的铁城、方明、赵忠祥、虹云、雅坤、赵培、徐曼、常亮等，70 年代的于芳、黎江、傅华等，80 年代的邢质斌、敬一丹、原杰、肖玉、罗京、卢静、李瑞英、鞠萍等，再到

90 年代的康辉、贺红梅、海霞等，他们都是重要的研究对象。甚至可以选择一些和播音主持相近的、有代表性的人物，譬如白岩松这样的著名主持人和评论员等，进行口述史研究，以便获得更为丰富、更为典型的第一手资料。

播音口述史的创新之处还在于其采用的方法。过去的历史研究主要依赖文字，之后是声音，现在不但可以记录声音、形象，还可以采用多媒体进行全方位的摄录。而当下口述史研究成果的展示可以是书面发表的文章，可以是编辑出版的图册，可以是剪辑播放的声音素材，也可以是精心制作的电视节目，甚至是精华提取后的新媒体短视频作品。譬如，齐越在开国大典时的播音主持与口述史内容相结合，在某些历史性时刻，无疑可以起到重要的宣传效果，发挥积极的影响力。所以，我觉得播音口述史一直认真做下去，一定能够有很好的收获。

姚喜双

目录

第一章

绪论：百年溯源、固本拓新

——中国播音口述史的研究路径与方法

中国新闻史就是一部波澜壮阔的时代发展史，中国播音口述史作为新闻史研究领域的重要分支，以其实践性、艺术性等特征独树一帜。相较于中国新闻史亦即“中国报人史”，当前的广播电视发展史更多是从技术和范式演进的角度进行归纳阐述，众多优秀广播电视人则出现集体“缺席”现象。口述史是历史记忆代代传承的外化式产物，受访者的历史意识与文本习惯是产生口述史的内容基础。中国播音口述史研究，指的是通过口述史的方式选取在播音长河中熠熠闪光的优秀播音员和主持人，对这些人民广播事业建立以来具有典型性和代表性的播音员和主持人进行深度访谈，并对其口述资料进行保存、梳理和研究，进而从全新的维度，更细致地勾勒出中国广播电视的发展历程，并通过辑录、汇编形成有关中国播音学科发展建设史的缩影。通过新史学中历史与记忆的范式，以口述史的方式对中国广播电视人的成长史进行忠实的记录，不仅可以更好地补全中国播音这一断代史，也体现了时代发展下广播电视制度的演进、大众审美的变迁以及技术的创新与发展。

广播电视作为主流媒体，始终坚定贯彻落实党的方针、引领社会舆论、忠实记录社会时代变化。播音员们的声音通过电台电波传递到千家万户，生动讲述、传播中国故事，镌刻着时代的进步足印，记录着人们为美好生活而奋斗的历程，成为无数人的时代记忆。回顾播音员的历史，也是在回顾中国的发展史以及中国人民的奋斗史。通过口述史研究完善中国播音的历史记忆，溯中国共产党新闻事业精神理念之源，固播音主持专业之本，拓学科专业与时俱进之新，有利于实现播音主持学科建设中教学层面“技”的传承，有利于广播电视发展过程中政策经验“制”的总结，并在回望中凝练与升华中国历代广播电视人不朽的精神，传承中国播音艺术家们的高尚人格与情操，并作为文化软实力融入中华民族伟大复兴的历史进程。

第一节 溯中国共产党新闻事业精神理念之源

中国新闻史研究始于晚清[1]，是新闻学研究的重要组成部分。自 1949 年中华人民共和国成立以来，新闻事业和学术研究经历了波澜壮阔的 70 余年发展，如今新闻史研究迈入了一个新阶段，其研究范式从改革开放前的“革命史范式”向具有清晰理论和方法的“新闻本体范式”转变[2]，逐步建构起来一套严谨和整体的学科研究体系。中国新闻史的研究是具有多层次的，中国新闻史研究包括中国报刊史和中国广播电视史两大部分。对播音口述史的研究需要我们追本溯源，重温中国共产党新闻事业的不朽精神，追寻其学科起源中的差异化研究路径，以全面的视角进一步探析播音口述史的史学价值与时代意义，倾听历史的回响，真正做到不忘初心、牢记使命。

一、中国报刊史与广播电视史的差异化研究路径

如果说报纸是历史的文字记录，广播电视就是历史的音像记录[3]，中国新闻史是中国报刊发展史和广播电视发展史的结合。报刊史源远流长，

1 张晓锋、程河清:《中国新闻史研究 70 年(1949—2019)》,《新闻与传播研究》2019 年第 8 期。

2 武志勇、王泽坤:《70 年中国新闻史研究述略》,《湖南大学学报(社会科学版)》2019 年第 5 期。

3 蒋海升:《中国新闻史研究的学科特点及其发展状态——访中国新闻史学会会长赵玉明先生》,《国际新闻界》2007 年第 4 期。

可以从近现代追溯到唐宋[1]，而新闻史上灿若星辰的“报人”亦与中国报刊的演进过程密不可分。人们关注那些在中国新闻史上做出杰出贡献的新闻人，进而了解到中国新闻发展史。中国新闻史研究的开端是1908年出版章士钊所著《苏报案纪事》，如今已经走过100多年。近代新闻史的发展为之后播音学科的发展奠定了基础。从早期雕版到铅印再到石印，印刷方式不断更替；从新闻画到画报，国人掀起第一次办报高潮；文摘报、纯白话报刊、行业报刊等逐渐出现，近代新闻业蓬勃发展。从五四新文化运动时期起，徐宝璜于1919年出版的《新闻学》标志着中国人自撰理论新闻学著作迈出第一步，在邹韬奋、黄远生、邵飘萍和范长江等著名“报人”的推动下，在“国家之耳目也，喉舌也，人群之镜也，文坛之王也，将来之灯也，现在之粮也”的坚持下，中国报业朝着出版周期越来越短、发行范围越来越大的方向不断发展。除了报刊这一传统媒介，近年来中国新闻史的研究对象愈发宽泛，有关广播、电视、新媒体、广告的研究新意迭出[2]。

纵观作为无产阶级新闻事业重要组成部分的广播电视史几十年的发展脉络，从其研究视角来看，学者往往将其与数字技术等新载体研究相结合，关注媒介数字化之下的广播电视新媒体现状与转型，较少将研究视角放置于“人”的价值上。“人”始终是历史研究的核心对象[3]。这种研究取向，一定程度上导致了广播电视人集体“缺席”的现象，已不能满足播音发展史以及广播电视史研究的时代诉求。声音作为语言传播的媒介，可以由收音机等电子设备传递到千家万户，同时收音机成为政策政令宣布的重要渠道之一。比如，早期的《记录新闻》，便是将国家主要的方针政策用播音员语音播读、各地抄收员实时记录的方式，第一时间传递到

1　王天根、张朋：《中国广播电视史研究的发端与历程》，《中国社会科学报》2014年5月21日。

2　张晓锋、程河清：《中国新闻史研究70年（1949—2019）》，《新闻与传播研究》2019年第8期。

3　杨国强、张洪彬：《追寻历史变迁中的因果与意义——杨国强教授访谈》，《学术月刊》2018年第2期。

祖国的大江南北。广播的出现也为人们的生活带来了更多的乐趣，一家人一起收听喜爱的广播节目成了一个时代的记忆。广播电视史并非无人诉说，从其发展分支来看，随着广播电视事业的发展，中国播音事业也经历了由萌芽、草创到形成的阶段[1]，在1940年12月30日，中国创建的第一座人民广播电台——延安新华广播电台开始播音，第一声“红色电波”响彻中华大地，中国人民的播音员正式登上历史舞台。随着第一位播音员徐瑞璋在革命圣地延安发出第一声呼号，人民广播的播音队伍从最初延安新华广播电台的几个人，发展到了当下的近十万人。播音员是广播电视发展脉络中的客观记录者，他们承载着人民广播播音、广播电视与中国新闻发展之间共进同演的历史渊源。

“新闻史的研究不能抱残守缺，必须从人文和社会科学吸取理论和方法的资源，同时从新闻史传递给人文与社会科学。”[2]广播电视史研究需要借鉴中国报刊史的研究路径与方法，尤其是借鉴对“报人”在报刊史的地位研究，亟待学界立足播音主持的公开性与记录性，发掘亲历者与口述者的真实材料，将播音员和主持人这类“广播电视人”的“缺席”状态转为“在场”，以更好地固本与拓新中国广播电视人的新闻思想与精神理念，充实播音主持学科的发展，也进一步为我国广播电视史的研究进程提供丰富的口述材料。

二、独树一帜的中国播音口述史

口述史出现于20世纪40年代的美国。但是口述史学真正在我国起步并逐渐发展起来，是在20世纪的80年代左右到20世纪末。中国播音

1 姚喜双：《在创新中继承，在继承中创新——播音主持艺术发展的思考》，《语言文字应用研究论文集（Ⅱ）》，教育部语言文字应用研究所，2004年，第217-228页。

2 李金铨：《报人报国：中国新闻史的另一种读法》，香港中文大学出版社，2013年，第35页。

口述史将“口述史”与“播音学科”以交叉融合的方式，创造性地运用于中国播音史的回溯与研究，通过梳理不同时代的播音发展历程，探索完善中国播音史的研究框架与路径。而人工智能与5G技术的发展，也为播音学科的拓新带来了历史机遇。

“口述史”是指通过采访历史亲历者，以口述方式获取并记录被访谈者的亲身经历或对事物的感受。口述历史的采访需要充分调研被访者的人生经历，评估其与自身关注主题的相关性，全方位设计采访提纲并进行采访工作。值得一提的是，访谈产出的内容需要经过二次加工，与同时段的其他史实资料进行核对后整理成文字稿、音频以及视频资料，进行发表或留存。播音主持属于实践性学科，播音口述的史料采集过程往往难以通过文字形式进行阐明和传承。其中经常夹杂着大量的播读示范以展示对播音技巧的控制要领，受访者需要通过语音、语气、语调、节奏等变化进行多方位展示，而采访者与受访者之间在访谈现场产生的这种心领神会，有时候会停留在“只可意会不可言传”的层面。因此，结合播音学科的专业属性，在口述史的采访过程中记录与编撰工作应更多地考虑运用音视频等新媒体手段，以全方位、更大限度地保留和还原播音员和主持人的播音主持技巧与节目表现力。

口述史记录简便、呈现直观的特点让历史不再拘泥于学术、不再束之高阁，“所有的历史最初都是以口述的形式存在的”。中国的播音主持事业几乎贯穿近代新闻发展史，并在不同的历史时期承担重要的时代使命。例如，抗美援朝时期，播音员通过电波用声音串联祖国与志愿军人的心，同时也把党中央最新政策传达到前线；改革开放后，播音员和主持人在一档档满怀激情的节目中与全国人民一起拥抱新时代。张颂认为，“播音是共性基础上的个性表达，主持是个性言说下的共性诉求”。播音学科的教学与传承，需要使用大量音视频做指导示范，通过录音、录像等技术手段和口述史研究方法收集到的史料和资料具有很强的生动性，而受访者在访谈现场的播读示范、播音员的肢体状态等，也是其播音专业性的体现。播音口述史的录音、录像，除资料留存外还有着宝贵的教学价值。

三、时不我待的中国播音口述史

历史是一面镜子，研究中国新闻史不仅可以梳理中国新闻学历史发展脉络，同时也是以史为鉴、史为今用的过程。在广播电视史的研究过程中引入“社会史”范式，“立足当下，面向历史，然后以社会史的范式和叙事学的方法，综合考察并书写新闻传播的历史衍变与现实关联”[1]，吸取西方传播学和相关学科研究方法，同时综合采用媒介生态范式与现代化范式，将广播电视的发展模式纳入到与之相关的整体生存环境中进行考察，重点探究与现代化发展之间的联系，探讨新时代发展趋势下广播电视展现出的特征与表现形式，是不断加以创新从而推动当代新闻传播学科发展的有效路径。

改革开放40年，我们非常骄傲自豪地看到我们的发展，同时我们又应该保持清醒的头脑，在面对新形势、新矛盾的情况下看到未来的挑战、发展的不足和面临的机遇。[2]中国播音口述史的研究对象是1949年以来中国历代具有代表性的播音员和主持人，本研究运用文献研究方法论对相关历史事件的时间线索进行采集及调研，通过专业化访谈忠实记录下受访者口述内容，既关注当前的集体记忆，也致力于发掘那些濒临被遗忘的珍贵历史细节，并对采访得来的文化记忆和重构式叙事内容，结合同

1　李彬：《“新新闻史”：关于新闻史研究的一点设想》，《新闻大学》2007年第1期。

2　姚喜双：《中国特色社会主义播音主持体系基本建立》，《浙江工业大学学报（社会科学版）》2019年第1期。

时期的历史及社会文化语境进行编码与解码，以此“由表及里”“相互印证”地构建出播音史的发展脉络与形态。

广播电视自诞生以来，在各个时代都发挥了传递政令、凝聚人心的重要作用，播音学科伴随着广播电视事业的发展而逐步建立起来，体现了与广播电视同频共振的变迁历程。人存在于语言的制度下，语言不仅是交流的工具，同时也是民族性的体现，播音正是“广播电台、电视台由播音员、节目主持人、编辑、记者在各类节目中面向听众、观众直接进行传播的有声语言的活动”[1]。回顾当前的播音学科研究，实践性理论论述较多，有关播音史的研究成果较少。口述史创造性地从位于新闻事件报道第一线的播音员、主持人视角，对广播电视业态进行分析，既是民族性的体现，也是摸索民族话语方式之下政治、经济与文化建构的重要途径。口述史的转录过程涉及叙述文本到历史文本的转移，对于播音员个体来说或许曾接受过相关采访，但站在新史学角度，根据时间发展脉络将播音员进行族群化访谈，并对采访对象观点进行横向整合与纵向对比，整合形成的资料兼具史学研究价值与播音学科专业价值，对相关学科研究也会有一定的参考和促进作用。随着新中国第一代播音员齐越、夏青、林如等人的故去，对中国播音口述史这一断代史的研究刻不容缓。

四、忠实地记录中国播音历史

播音语言作为一种典型的媒介语言，不仅面向大众，而且具有艺术创作的审美属性，因而与其他种类的艺术语言也有着明显区别。“它把传者的生理过程、媒介的物理过程和受众的心理过程紧密联系起来，形成

1 赵玉明、王福顺:《广播电视辞典》，北京广播学院出版社，1999 年，第 193 页。

一个维系‘传与受’关系的‘链条’。”[1] 口述访谈作为对话形式，强调研究者和受访者之间的互动，即便是研究者有计划地访谈，访谈过程中也很容易出现新的素材与观点的动态转移，受访者则采用“述而不作”的叙事方式，由采访者最大程度地还原其表述及观点，并通过辑录整理形成可读之作。多媒体技术的应用也进一步加强了史料的真实性，并为播音学科的教育与传承提供指导与示范。

口述历史需要在充分调研后以标准化流程开展采访工作，对访谈所形成的内容进行核对与整理，进行资料发表或留存。口述史的采访应当是半开放式的，采访者要足够开放，要有敏锐的触觉、善于倾听的耳朵、和善的态度、鼓励的举动，要能够取得受访者的信任并且具备足够的视野，来引导整个采访的走向；在后期辑录过程中，对采访内容应本着真实、客观、尊重史实的原则，在不影响原汁原味内容输出的基础上进行整理和编辑，减少不必要的新闻写作手法的修饰。[2]

其中，采访提纲的撰写起着纲领性的作用，采访内容质量也将对口述史整体内容产生决定性的影响。在进行中国播音口述史研究过程中，需要根据采访对象有针对性地设计采访提纲，并在兼顾史实全面性的基础上，遵循真实性、时效性、稀缺性原则，根据前期调研和策划挖掘出特有的价值点，立体化、交相印证地展现中国播音的发展历程。中国播音口述史前期准备包括团队组建、物料准备以及学术调研等。其中，团队构成人员应包括项目的专业学术顾问、项目管理者以及研究员等，以保证项目从执行方向、统筹管理到执行落地的有序开展；前期准备应包括录音棚、摄影摄像、灯光以及后期剪辑等设备及场所，以保证访谈录制过程的专业性；学术调研应充分考虑口述史访谈对象的背景资料并撰写采

1 战迪：《试析当今语境下播音主持语言艺术的特征》，《中国电视》2011 年第 11 期。

2 王婷宇：《口述史中的传播及伦理问题研究》，《大众文艺》2020 年第 6 期。

访提纲等，在调研基础上选择采访亲历中国播音发展且具有代表性的播音艺术家。在实际访谈时，应当考虑受访者的年龄与身体状况，制定合理的采访时长计划并根据实际情况安排休息时间。

唐纳德·里奇称口述历史访谈者为一群“必须压抑着想说话的冲动，做个安静的倾听者”的人。播音口述史采访者应当经过一定的专业采访知识学习训练，优先选择具有播音主持相关专业背景的人士，以便于理解和领会采访对象的专业性表达。采访者最好能具有一定的访谈技巧并了解相关心理学知识，在受访者回忆播音主持艺术发展的过程时，应当注意给予其足够的表达空间，同时需要具有基本的访谈礼仪，避免提出冒犯性问题。

采访者应当本着真实、客观的原则记录访谈内容。文本的输出应遵循真实性、逻辑性、可读性等原则，在纷繁复杂的语音素材中选取有价值的部分，对口头语、口水音等做出一定的简化处理；录音、录像内容中出现部分重复或无意义的对话与句子，应在专业学术顾问的指导下去伪存真、去粗取精。播音口述史通常涉及练声、气息以及播音主持相关专业术语的表达，因而文本的转录与编辑工作应由具有相关专业背景的人完成，避免出现术语误读等现象。口述史的采访内容包括但不限于文本、照片、录音、录像等。在转录过程中，不仅要注意保证采访内容的饱满性与真实性，也要注意与现存史料进行比对验证。鉴于口述史多由采访对象根据自身回忆加之个人判断进行描述，内容难免会包含个人感情色彩，也会由于年代的久远产生一些记忆的偏差，此时应与同时代相关资料或其他受访者的内容互相论证后进行内容的产出。

第二节 固播音主持专业之本

播音口述史研究作为一门基础性学问，兼具学理价值和实际应用价值，是一项开创性的、有建设性意义的工程，而研究历史的目的是以史鉴今，从历史中发掘出可以指导当下发展的内容。目前，我国广播电视栏目中已普遍设立主持人，主持方式多样化，主持个性、风格各异，生动活泼，深受群众欢迎，广播电视频道日益专业化、多元化，从最初仅有为数不多的节目频道，发展到如今的百花齐放，离不开初代播音员们的奠基；而当前网络主播的盛行，也需要依托播音主持行业制定规范并进行指导与教育，AI虚拟主播的建构亦需要播音艺术家们的宝贵声音。播音员作为汉语言传播使者，不仅为社会带来政治、经济、文化价值，在国内承担着普通话的推广与普及职能，在国际“汉语热”的潮流下也能起到传播汉语言文化的作用，并在特定场合也能展现国家软实力，传播中华民族的优秀传统文化，从而作为文化软实力让中国文化屹立于世界强国之林。

一、播音员视角——还原历史相貌

从播音员视角出发的中国播音口述史研究，对于补全断代史、提升播音学科地位具有很强的战略意义。其中受访播音员提供的大量知识信息往往已经在往期采访中有所呈现，对于某些年代较为久远的史实他们也会出现遗忘的情况。因此，如何进行有效信息的整合与提炼，既体现了研究者的水平，也决定着研究成果的有效性。

播音员作为党和人民的喉舌，如著名播音员虹云所述那般“是为歌颂祖国而生的”，其职业生涯的高光时刻与国家和组织也是密不可分的。受访者在口述回忆中会有激情澎湃的精神、潸然泪下的感怀等复杂心绪，在历史与现实的叠影下，口述内容也将进一步受到心理及现实层面的主客观限制。根据戈夫曼的“拟剧论”，长期活跃在舞台与镜头前的播音员们拥有着为观众朋友们所熟知的“前台”身份，相较之下“后台”那些鲜为人知的真实体悟更值得被挖掘、再现。口述内容由于受到记忆力、个人认知等因素影响，产出的口述史内容的真实性需要进行对比验证，其中更有部分内容涉及对受访者隐私权、著作权等合法权利的保护，但这些珍贵的内容共同构成了对播音口述史的研究。

二、名家辑录——标准教科书典范

改革开放40年，尤其是党的十八大召开进入新时代以来，我国播音主持事业蓬勃发展。如果用一句话概括，就是中国特色社会主义播音主持体系基本建立。这是播音主持界重大的历史性成就。[1]播音作为一门专业性学科，需要播音员在充分掌握各类技巧的基础上，通读并深入解析稿件内容，了解和把握受众心理，进而进行有组织、有计划的传播。与其他许多行业不同，播音主持艺术中的语音、语调、节奏等练习往往需要专业指导老师的示范与指导才能够实现。中国播音口述史的研究对象均为历代播音主持名家，采访资料的留存更是一种“技”的传承。播音口述史辑录受访者在访谈现场的播读示范、表达技巧等音频、视频资料，不仅体现了播音员的播音专业性，同时也具有宝贵的教学价值。而播音

1　姚喜双：《主持人语》，《浙江工业大学学报（社会科学版）》2019年第1期。

名家们的经验和心得分享，也能够给当代甚至之后的年轻人以启迪，让现代年轻的播音主持行业从业者们不忘历史、继往开来。

从 1983 年 1 月 1 日《为您服务》以崭新的面貌同观众见面，沈力成为中国电视史上第一位主持人起，一群被赋予了主持人头衔的播音从业者被推到了台前，落地生根、枝繁叶茂。随着大众传播的不断发展以及人民文化欣赏水平的不断提高，播音主持艺术也逐渐走进了千家万户，新一代播音员以及热爱播音主持的学子们遍地开花，见证着祖国的繁荣富强。这些成长记忆中的时代声音历久弥新，像精神火炬般永不磨灭；而记录播音主持界前辈们声音与记忆的播音口述史工作，也为国家和民族留存了具有重要参考价值的史料，一同根植于中华民族实现伟大复兴的历史进程中。

历史的研究是有关人的研究，播音学科研究的切入点也应当以人为本。自 20 世纪 80 年代口述史从西方引进中国以来，国内学术界的历史研究方向逐步从传统和主流的"见文本"进而转向"见人"，普通社会的生活状态以及人民大众的心声进一步得到史学界的重视。口述历史研究无法回避的核心问题是记忆问题，雅克·勒高夫在《历史与记忆》中指出："历史学家应主动出来解释记忆和忘却，对其进行深究，以使之成为一门学问。"[1] 播音员们扎实的语言功底以及经年累月的播音实践，伴随着时代的发展、制度的变迁，共同铸就了播音学科鸿篇巨制的历史卷轴，播音员们既是历史的见证者同时也是亲历者，其口述史内容兼具理论与实践的价值，是有关播音学科发展建设的第一手资料。

口述史采访是一种公共历史记忆采访机制，它的任务是将私人的历史记忆搜集过来，转化成公共的历史记忆。如果不采集，只保留在个人大脑记忆中，将仍是私人记忆，一旦被人采集出来，就能成为公共历史

1 左玉河：《历史记忆、历史叙述与口述历史的真实性》，《史学史研究》2014 年第 4 期。

记忆的一部分。这样的理解增加了“人性维度”，视野更为广泛，能“拓宽视野、建立新观念、寻找新方法”，有可能突破“历史”本身附带的严肃与传统史观的局限。[1] 播音口述史揭示了播音学科产生的背景、变迁历程与发展规律，站在“人本位”角度以播音员口述的方式记录播音历史，从多元化视角梳理总结出中国播音学科的历史发展脉络，为播音学科今后的建设提供借鉴意义。

三、回望历史——展示广播电视历史变迁

新闻媒体要发挥党的喉舌作用。播音员作为党的新闻工作者，对内传播党和国家的方针政策，对外则展现大国文化与民族的自信自强。当前的融媒体时代，媒介技术突飞猛进、传播手段日益多元，从未有一个时代如此关注受众，也从未有一个时代受众被如此细分。这让人们不禁回想起电视播音员的黄金时代，通过对播音界前辈们的采访，可以再现那个万众瞩目创造收视奇迹的巅峰时刻，回顾那个属于广播电视媒体的沸腾年代。一个时代或许会渐渐远去，但依然可以通过AI技术等手段将那些振聋发聩的时代声音存留在我们的记忆中，并为今后的媒介发展留下探寻的起点和踪迹。

中国播音史背后是新中国传媒业的发展史，是大国崛起、民族复兴的变迁史，是不同时代背景下几代中国播音员、主持人坚守与奉献的历史。中国播音口述史研究必须以新中国发展的大历史为背景，也必须融入经济、社会、技术与政策的多维视野，并以此为基础总结反思播音主持专业发展的根基，探索专业建设的方向与路径。新闻媒体作为党政机

1　钱茂伟:《口述史是通过大脑记忆进行的当代公众历史研究》,《云南大学学报(社会科学版)》2020 年第 2 期。

关的喉舌，起着重要的传播政令、搭建舆论场的作用。从计划经济时期到改革开放再到中华民族的伟大复兴，一代又一代的播音员们也历经着铁肩担道义的时代荣光。随着5G、AI等技术的发展，目前全国已有100多家融媒体中心广播使用AI广播系统进行直播，可以实现全年无休、实时性、批量化更新信息，收获了收视率及受众市场的正向反馈。技术手段的提升也可以更好地应用于时代声音的留存。

四、聚焦人物——留存时代价值

播音员的时代价值主要体现在以下几方面。首先，播音员具有高度的专业性，播音专业在吐字与发音上讲究“字正腔圆”；在专业要诀上力求达到张颂所言的有稿播音锦上添花、无稿播音出口成章；在播读中，运用气息与情感的适度把控，气随声动、情声和谐，让受众产生共鸣和共情。其次，播音员具有良好的公众认可度，话筒前和屏幕前这个特殊的工作平台，使得播音员、主持人走进了千家万户，成为人们所熟知的“公众人物”，其专业技能以及个人形象同时受到来自人民群众的检验，历代备受观众喜爱的优秀播音员均是德艺双馨的。最后，播音员具有高尚的职业道德操守。很多老一辈播音员、主持人，如齐越、夏青、林如、罗京等，他们专业技能过硬、个人形象魅力无穷，在广大的观众心目中留下了良好的公众形象，他们也用毕生的精力维护着自己的公众形象。[1]

播音口述史研究从约采被誉为“时代之声”的采访对象并建立与受访者之间的信任机制，到口述史访谈录制过程中的场地、设施等硬件支持所涉及的经费支出，皆需要动用大量的社会资源。口述史的记录过程受到口述者选择性记忆、记忆力下降等影响，历史记忆与历史真相容易出

1 王秀军：《浅谈播音员主持人的公众形象》，《新闻研究导刊》2015年第3期。

现混淆的情况，口述内容中交织着客观事实与主观情感，会夹杂着细节错位、前后矛盾等误差成分，如何在保证史料真实的基础上保留受访者个人情感记忆，也对口述史研究者的研究与分辨能力提出了要求。

习近平在新闻舆论工作座谈会上的讲话言简意赅地提出了48字的职责使命："高举旗帜、引领导向，围绕中心、服务大局，团结人民、鼓舞士气，成风化人、凝心聚力，澄清谬误、明辨是非，联接中外、沟通世界。"[1] 著名播音员的职业生涯往往与政治是密不可分的，因此需要审慎对待相关内容的合法性；应充分考虑受访名单中受访者的性别、年龄、生平经历等，对于采访内容中涉及有争议性、保密及隐私性的新闻事件，最好能够进行印证和补充，还原历史的本来面目，以应对采访成果在大众传播过程中出现与公众认知不协调的状况；口述史研究工作须根据知识产权等法律法规保障采访过程中涉及的资料版权、采访成果的所属权等内容；受访对象须是和事件与人物有交集的人，还需掌握相关资料且能够进行沟通与交流，同时能够对口述内容负责，访谈团队需要具备对口述内容进行去粗取精、去伪存真的研究能力，并在不侵犯个人隐私、不触犯相关法律、不违背伦理道德的基础上进行口述史料内容的采集与传播。

第三节 拓学科专业与时俱进之新

中国播音口述史是播音学与历史学结盟的产物，以播音事业的参与

1 陈芝、姚喜双：《新闻播音的文化传承研究》，《现代传播（中国传媒大学学报）》2017年第6期。

者播音员、主持人为研究对象，搜集到的史料真切、生动，不仅可以弥补文献资料的不足，更加多维度地记录播音发展史，也作为一种研究方法为后续播音学科研究打下基础，具有保存、解释、构建中国播音史学的学术功能。播音口述史留存下来的采访影像资料也具有播音学科教科书的作用，在教育层面上，中国播音口述史不仅仅只是一种学术现象，还要成为一个被审视的对象，即应放置在元研究的视野之下加以考察。[1]播音事业蓬勃发展的背后离不开时代的进步和制度的优越性，在以史为鉴的同时也用于预测和指导未来的发展，持续借力加以创新，积极填补当下播音史研究的空白之处，为多彩和繁荣的中国播音事业添砖加瓦。

一、人工智能视域下的中国播音口述史

伴随着第四次工业革命以及人工智能技术的发展，智能手机在我国得到广泛的普及与应用。当代新闻业逐渐步入集文字、音频、视频为一体的融媒体时代，新闻业态逐渐演变为线上线下结合的传播模式，受众反馈机制更为完善、传者受者间互动性逐渐增强。新媒介赋权下“人人都有麦克风”的自媒体时代到来，“大V”和“KOL”（key opinion leader,关键意见领袖）成为新一代的意见领袖和“把关人”，各大互联网平台走向UGC（user generated content,用户生成内容）时代；传受一体化令媒体行业的门槛进一步降低，科班媒体人与草根媒体人之间的区别逐渐消弭，而“网络主播”与主持人、播音员之间的分野亟待明确。“中央广播电视总台2019主持人大赛”等电视节目的热播，2020年新冠肺炎疫情下中央广播电视总台及各大卫视主持人通过直播形式“为湖北拼单”和为各地带货——大批具有专业播音知识和丰富播音实践，融合了文化情感和人生

1 刘来兵、周洪宇：《教育口述史：功能、信度与伦理》，《南京师大学报(社会科学版)》2019年第1期。

哲思的播音主持“正规军”，让观众看到了新时代优秀主持人的风采。与此同时，在中央广播电视总台和各大卫视的荧屏中，AI主播的身影也随处可见，在丰富播音行业业态的同时，也从技术和人文角度对播音学科的发展提出了一系列新的要求。

AI技术的发展，在媒介融合的基础上为中国播音口述史的史料留存带来新的可能性。口述访谈虽是有计划的，但作为对话形式，强调研究者和受访者之间的互动，因此访谈过程中容易出现新的素材和观点，可能会改变原有的访谈计划，呈现动态效果。随着时代主题的变化发展，播音员也从延安时期迈向改革开放再到中国特色社会主义新时代，AI主播不仅可以呈现受访者的拟态化播音形象，也能够刻画出中国播音主持艺术发展的历史脉络。近年来，人工智能技术获得令人瞩目的发展。通过语音输入与技术合成手段、模拟主播原型发音习惯与语言表达的方式方法，以专业主持人为原型打造的AI合成主播开始出现在新华社、央视等平台上。无论是微软小冰还是两会中的AI小白，人工智能技术通过模拟主持人的发音习惯、表情和动作，生动再现了主播的播音状态。在中国共产党建党100周年之际，中央广播电视总台中国之声发布了听“祖国的声音”夏青原声复刻音频片段，讲述红色电台第一部发射机的故事，也见证了中国共产党披荆斩棘、砥砺奋进的历史瞬间。未来中国播音口述史与AI技术创造性的融合，将丰富中国播音史料的留存形式，同时复刻经典声音记忆，以更好地补充中国播音断代史，并为播音主持相关学科如政治学、社会学、传播学等领域研究提供重要参考资料。

二、播音员、主持人多元化播音风格演变

历史研究本身就是对过去经验的重演。勒高夫表示：“倘若史学被公

认为通过一种不断质疑的重构把过去变成了历史对象，那么我认为历史的确就是关于过去的科学。”问题是我们如何理解“过去”以及如何理解“现在”。[1]播音口述史研究在记录播音员播音生涯发展与成长的过程中，总结提炼出有关的政策制度优势，可以为当下的广播电视事业发展提供参考。

“播音员”诞生于战争年代，“主持人”出现于新中国成立之后，新闻播音作为一项有声语言艺术创作，会随着时代背景、意识形态、新闻目的而变化，在不同时期形成不同的新闻播音风格。中国历代的播音员们在完成播音任务、承担时代使命的同时，也创造性地探索、总结出一系列播音风格与规范。语言表达具有即时性、主体性、艺术性等特点，新闻播音发展到现在，当前播音风格如同时代多元化潮流一样呈现多样化的特点。[2]其背后也体现着时代变迁以及听众欣赏水平的变化，与政策、技术等要素一同作用于中国广播电视事业的发展。

三、永远的精神火炬——不灭的历史丰碑

播音员、主持人是节目的呈现者和传播者，凝结了广播电视台台前幕后工作人员的集体精神与意志，可谓是广播电视台的“灵魂”窗口，在受众心中也拥有着崇高的地位。优秀的主持人在主持节目时，不能仅仅为了满足节目本身的需求来设定主持的核心内容，还应该做到自身的个性化与节目“物化”之间的相互融合[3]。播音员和主持人的职业生涯与时代命运是密不可分的，无论是作为开国大典的播音员齐越、丁一岚，名牌

1 陈群志：《历史时间与时间历史——基于雅克·勒高夫史学时间观的双重视角》，《世界历史》2015年第6期。

2 刘东洁：《基于社会变革探讨我国新闻播音风格变化》，《科技传播》2020年第4期。

3 高健：《播音员主持人在媒体中的“角色”》，《西部广播电视》2015年第17期。

栏目《阅读与欣赏》的播音员夏青，《记录新闻》栏目的播音员葛兰，还是《话说长江》栏目的主持人陈铎与虹云，重大的历史事件中几乎都活跃着播音员的身影。

播音工作与语言文字密不可分，语言文字作为文化传承、发展、繁荣的重要载体，关系到历史文化的认同和传承、国家文化软实力的提升。同时，语言文字作为一种文化现象，是文化事业的重要内容和组成部分，二者互为依托、互相渗透。[1] 历史上优秀的播音员、主持人所播报过的每一件重大新闻主题，或主持过的每一档代表性栏目，都像精神食粮一般滋养着一代又一代中国人。对新一代播音员而言，实现中国梦要亲身践行社会主义核心价值观，规范、约束、纠偏自我，用声音“中流击水”，用话筒“力挽狂澜”，把中国故事讲好，把中国声音传响[2]。中国播音口述史研究通过凝练升华这种力量，谱写出一段时代与政治的微历史，也见证着祖国的繁荣富强，而这些曾出现在历史长河中的洪亮声音也历久弥新、熠熠闪光。在新时代，中国播音口述史也将秉持社会主义核心价值观，弘扬以爱国主义为核心的民族精神，培育中华民族共同体意识，助力中华民族的伟大复兴历史进程。

1 李宇明、姚喜双、张世平、洒强：《“新时代语言文字事业”多人谈》，《语言战略研究》2020 年第 6 期。
2 李斌：《“红色播音员”的精神遗产》，《声屏世界》2017 年第 4 期。

第二章

口述齐越——用生命播音的人

齐越

（1922—1993）

中国共产党第一位著名男播音员，中央人民广播电台播音指导。

齐越，本名齐斌濡，1922 年出生，河北人。1946 年 10 月参加革命，1947 年 8 月担任陕北新华广播电台播音员，先后担任北京新华广播电台播音组组长，中央人民广播电台播音员、播音部副主任、播音艺术指导。1975 年调人北京广播学院，1978 年被评为播音学教授。

1949 年 10 月 1 日，与丁一岚共同担任开国大典播音员。代表作品有《谁是最可爱的人》《县委书记的好榜样——焦裕禄》《在彭总身边》等。曾担任中华全国新闻工作者协会理事、中国播音学会名誉会长。曾当选为中华全国青年联合会第二届全国委员会委员、第三届全国人民代表大会代表、北京市政协委员、中共十三大代表。曾被评为北京市先进工作者、北京市优秀共产党员、全国一级优秀新闻工作者。1991 年起享受国务院政府特殊津贴。1993 年逝世，享年 71 岁。

第一节　真心真挚　真情真爱

在这个世界上，我们每个人所具有的东西都是有限的、暂时的，唯有真情是无限的、永恒的。真情还可以给人以无穷的艺术创造力，给作品以无限的生命力。我的师母杨沙林所著的《用生命播音的人——忆齐越》，就是用真情写成的。

写出一本较为真实全面记录导师齐越播音生涯的传记，是作为齐越学生的我们，也是播音界许多同行和众多听众多年的夙愿，当然更是师母及齐越老师的战友、亲属和同学的夙愿。从师母的视角来看齐越，则会更真切、更全面。我陪中国广播电视出版社广播影视图书编辑室主任胡妙德同志来到齐越老师家同师母谈及此事，师母开始“担心文字水平低，难以胜任”，在我们的启发下，当然更是由于对导师深深的爱，她答应试试看。师母一旦接受了创作任务，便全身心地投入进去。为了写书，师母以 75 岁高龄学会使用电脑，暑往寒来，夜以继日，为了创作，师母没有休息日，一气呵成，完成了 30 万字的书稿。

师母的回忆录共 20 章，时间跨度近一个世纪。它真实地记录了齐越儿时的家境，少年的向往，青年的追求；记录了他们的大学时代在追求宣传革命真理的共同志向和活动中，从初恋到结为终身伴侣的情景；此书更多的是讲述了齐越老师从陕北新华广播电台开始到北京广播学院任教的 46 年的播音创作和播音教学生涯；同时在后两章也概述了齐越老师逝世

图 2-1：1949 年，齐越参加军管小组进城接管国民党电台，北平新华广播电台开始播音（引自《把声音献给祖国——齐越的播音生涯》）

后广大听众、同行、学生对他的怀念和学习活动。

师母以独特的视角，高尚的境界，真切的情感，平实的笔调，实事求是地记录了齐越老师的播音生涯。师母说，她“希望通过这部回忆录，由历史的镜子中，对他的优点不拔高，缺点不隐瞒，使读者能实事求是地看到齐越的本来面貌——一个正直的知识分子；一个酷爱播音事业、视播音为生命的播音员；一个光明磊落、襟怀坦荡、表里如一、呕心沥血、教书育人的合格教师；一个严谨勤奋、一丝不苟、赤诚认真的革命者；一个热爱党、热爱祖国和人民的忠实的、真正的共产党员”。师母采用这样的基调来写，正是出于对她亲爱的伴侣的最深切的理解。

这种理解来自师母对齐越具有高尚精神境界的爱。“在他博大心胸的海洋中，我只不过是一滴水。作为齐越的妻子、战友、伴侣，我不想用别人的光来照亮我自己；更不想凭借他的余辉度过残生。我只希望我活得无愧于齐越的一生。愿苍天怜我。假以时日，我将把全部精力投入到整理齐越未完成著述的繁重工作中。”

的确是这样，在导师生病住院和去世后这十多年的时间里，师母没有停歇过。记得导师生病住院前，师母有段时间身体不好，总是咳喘，导师担心师母的病情，多方设法为她仔细检查。可是还未来得及查完，导师便病倒住院，师母也全然忘掉了自己的病，全力投入到了照顾导师的工作中。导师在医院里住院治疗了5年多，师母在医院里陪护照料了5年多。导师在1992年12月2日写的《七彩人生——记老伴杨沙林和我》一文中记录了这一阶段的情景和他的感受："三年多来，我的老伴杨沙林既照顾家中老小，又要经常来院探视。至今由家来院，粗略统计往返约三百次之多，行程约有两万五千里。真是历尽严寒与酷暑，备尝艰辛和甘苦，三年'长征'两万五……我计算着她来的日子，我盼望着，盼望着她的来临。她来时拎着大包小包，不仅带来我喜欢吃的东西，更重要的是带来了难得的精神食粮：亲友的来信，我爱看的报刊，我想读的书……这些充实了我的生活，使我常常忘却了失掉'半壁江山'的苦痛。"正是在师母的全力精心照料下，导师的病情在一段时间内才得以相对稳定。正是有了这段相对稳定的时间，导师才能够以顽强的毅力在医院里著书、写诗、写文章，给听众朋友复信，继续为播音事业的发展、播音理论的建设、播音人才的培养奉献余热。导师逝世后的5年多里，师母更是没有停止过工作：她强忍悲痛，为导师的悼念活动做了大量工作；她收集整理有关导师的业务资料，为播音事业的发展尽自己的一份力量；她承担了齐越奖励基金办公室大量的日常工作；她承担了编辑缅怀齐越文集《永不消逝的声音》和齐越画册《把声音献给祖国——齐越的播音生涯》的主要工作，她不顾年事已高，旅途颠簸，亲自赴河南、山西、河北等地出席缅怀齐越、"学习齐越品格，共建精神文明"等多项活动。

导师逝世的5年多来，师母写了几十首诗，寄托她无限的思念，抒发她真挚的情感。每到清明时节、导师祭日，我们陪她到八宝山革命公墓导师像前，她总要面对导师遗像说上许久，汇报她的工作，放一首导师生前最喜欢的乐曲《莫斯科郊外的晚上》，朗诵一首她新作的诗篇。清明时节、导师祭日，她必写；导师生日、他们的结婚纪念日、香港回归、国庆庆典、纪念文集和画册出版，她还要写。从她的诗中，我们可以更直接地看到她的精神境界，体味到她深厚的感情。这些诗可以帮助我们找到她写回忆录的源泉和动力。真情引发了创作，创作再现了真情。在全身心投入创作的日日夜夜里，师母正是有了无数个“漫漫冬日最多思”的日相思，有了无数次“奈何音讯断绝久”的长相怨，才唤来“音容笑貌扶杖来”的梦相见。多少回，她“惊梦伏枕，泪水涟涟”。在师母的情感中，导师永远和她在一起，天上人间总是相通的。当国庆庆典时，师母让他“主席面前代问安”；当香港回归时，师母立刻向他“汇报”“百年悲泪越洋飞，明珠宝港耀光辉。欺凌割辱今朝雪”，与他一起“天上人间庆回归”。

《水仙吟》是师母对导师品格的真实写照，也体现了师母的人格追求：“半杯清水即成仙，一身纯净安清廉。不同桃李争姿色，只留暗香伴清泉。”这共同的品格，生发出无限的思念、永恒的爱情：“欲将丹心寄明月，无限哀思泪滂沱。愿能化作一睡莲，伴君长眠在身边。过去未来终无悔，天上人间永相依。”

第二节 全身心投入播音创作

在《用生命播音的人——忆齐越》一书中，我们感受最强烈的就是齐越老师的真情。

图 2-2：1985 年 8 月，齐越和丁一岚应天安门国旗班邀请参加升旗仪式
（引自《把声音献给祖国——齐越的播音生涯》）

从“少年时代”中，我们可以看到“日寇铁蹄激起他的民族恨，抗日烽火燃起他的爱国情”；从“大学时代”中，我们可以看到他追求真理的忠诚，铸造爱情的赤诚；从“开始播音”中，我们可以看到他播报毛主席的指示、播报人民解放战争捷报时的激情；从“接管北平”“开国新声”中，我们可以看到他对人民解放、新中国诞生的豪情；从“总理嘱托”中，我们可以看到他对周恩来总理的崇敬；从“情系听众”中，我们可以看到他对新老听众的友情；从“深入生活”中，我们可以看到他对人民的深情；从“播音创作”中，我们可以看到他对广播事业的痴情；从“播音教学”中，我们可以看到他对学生的殷切期盼；从他的生活中，我们可以看到他的爱情、亲情、手足之情。

导师的真情，贯穿于他一生的播音创作事业中。师母说：“解放战争时期，他就把自己的一颗心献给了播音事业，也献给了人民。那时他播的毛主席为党中央起草的文件、各地战报，体现了他青年时代对人民解放最赤诚的激情，没有这种赤诚的激情，不可能播出体现人民愿望的史

图 2-3：1982 年，齐越为中央人民广播电台播录《把一切献给党》之前，访问吴运铎（中）的合影
（引自《把声音献给祖国——齐越的播音生涯》）

诗。中华人民共和国成立后，他成功地用声音讴歌了一个个光辉形象：王崇伦、雷锋、焦裕禄、王进喜、吴吉昌、吴运铎、王若飞、彭德怀、周恩来……他为这些先进人物的精神感动着，全身心地投入播音创作，把全部激情毫无保留地倾注于先进人物的思想感情之中。他播先进，学先进，与先进人物的伟大人格和高尚品质融合在一起。”研究齐越的播音创作，我们就会发现，真情，是他创作的核心，是他创作成功的关键。正如他自己讲的：“人民的播音员必须自觉地同党和人民在思想感情上保持高度一致，和党、和人民共甘苦、同爱憎，才能在播音中感情充沛。爱憎分明的感情一是要真，二是要准。真，就是感情要真实。播音中只有动真情，才能引起听众的感情共鸣。要播出真情，首先播音员自己要对

稿件内容产生真情实感，心中掀起表扬所爱、鞭挞所憎的感情波涛。准，就是感情的表达要准，掌握分寸。播音中爱憎分明的感情是由稿件内容和宣传对象引发出来的，受主题思想、宣传目的支配，受党的政策制约。感情的表达要恰如其分，符合党的政策原则，符合党的新闻工作者的身份，不能以个人的好恶代替党的政策。这种分寸感，对于播音创作的成败至关重要。”这里齐越老师对播音创作中真情的核心地位、属性、表达的分寸做了明确的阐述。

如何调动感情，使真情生发出来？齐越老师说：“想象、联想是我引发感情的手段。”在播录《把一切献给党》时，他是这样引发感情的：“当天夜里，我翻阅着这部50年代出版的回忆录，就像是见到失散多年的亲人，心潮滚滚，难以入睡。这部书是市图书馆唯一幸存的一本。原来的封面被牛皮纸所代替、书页都已经卷起毛。我想像到这本书的生命力，

图 2-4：1958 年齐越（右一）与姜庄子社员在一起

（引自《把声音献给祖国——齐越的播音生涯》）

像它的作者那样坚强不屈！我掂着手里这本几乎已翻烂了的书，默默地想：让千百万人尽早听到它吧！让它尽快在广播里‘再版’吧！让它在‘七一’跟读者（听众）见面吧！这并不需要纸张，也不需要排印和发行，只需要朗读录音就能传播到听众的心里。投入备稿和录音的日日夜夜，我沉浸在作者的思想感情里，好像回到了那艰苦创业的战争年代，跟作者一起走过了那段艰难的生活道路。我和他同欢乐，共忧患，爱他所爱，恨他所恨，在录音时泪水常常遮住了视线。”齐越老师认为，生活实践是引发想象、激发感情的基础和源泉。他常年深入基层、深入农村，奔赴工厂、矿山、油田、军营，他成功地播出《县委书记的榜样——焦裕禄》是因为他有了一年前在山西五台县大建安村劳动锻炼的生活实践；他播录《把一切献给党》期间，仍深入实践，向兵工专家、技术工人求教；他朗诵《古罗马的大斗技场》时直接与艾青老师交流……

在缅怀齐越老师的座谈会上，师母说：“齐越是用生命播音的。”马尔芳老师等许多和齐越共事多年的老同志都称他是一个用生命播音的人。大家回忆说，每次播音他都要全身心地投入进去，播完后吃不下饭，睡不着觉。师姐敬一丹说：“有的同学问我们：‘老师每次播音都是这样吗？’我们说：‘每次都是。’同学们不解地说：‘那不得累死呀！’”的确，导师是用他的全部身心，用他的生命在完成每一次的播音创作。因为他想到：“话筒是我的战友流血牺牲换来的，我们这些幸存者坐在话筒前工作，不敢有丝毫的怠慢。”1987 年 9 月，他参加在北京举行的一场“星光”诗歌朗诵会，他朗诵陈毅的诗《梅岭三章》。这是他最后一次登台朗诵。那时，他身体不太好，家人和亲友劝他朗诵别太激动，他说：“不激动行吗？我不能给观众一杯白开水，也不能对不起陈老总。”

齐越老师在播音创作中的真情，还体现于他对同行的关爱、支持和帮助。徐恒老师回忆：“与齐越同志第一次业务上的大合作是在国庆 5 周年的天安门城楼上。齐越同志考虑到前些天我一直有特殊任务，与夏青同志一起为第一次全国人民代表大会及国庆招待会而忙碌工作，所以他对我特别照顾，他一人担负了大部分播音工作，又仔细向我传授经验，听我试播。他对我初次上天安门的激动心情很理解，自己播音，让我有充分的时间，从容地凝视毛主席等党和国家领导人登上天安门微笑着从我们身边走过。他激情洋溢的播音鼓舞了我、带动了我，使我能较好地完成这一光荣任务。这之后，在日常播音中的合作机会多了，没过多久，我就体会到为什么女播音员都愿与他一起播了。那时新闻节目都是直播，'联播'节目发稿时间紧、内容多；备稿时他根据稿件内容分配男女声，有难播的稿件一般都留给自己。话筒前他那深入内容、有的放矢、声情并茂的创作状态，会把你带动起来，深入地进入内容。他播时热情洋溢，你播时他用心倾听，你的声音一停，他就极自然地衔接下去与你呼应，该连的连，该停的停，使节目成为一个有层次的创作整体。播后，他会细致地告诉你哪一条、哪一处播得好，哪一点分寸失当，如何处理更好，使你既有所收获，又无生硬之感。总之，跟他在一起播音，你能深切体会到播音创作的真谛，播音创作的愉快，他使你在播音中常播常新，不断提高。在业务上，他从不以我的老师自居，使我确实从他那里学到很多、很多……"齐越老师对同行的赤诚、关爱，真诚帮助，赢得了众多同行对他的敬重和发自内心的赞誉。他逝世后，他的同行孟启予、丁一岚、夏青、葛兰、马尔芳、徐恒、刘淮、林如、张颂、刘炜、章虹、李越、陆茜、陈醇、关山、孙国栋、吴新、刘述、万里等纷纷赋诗撰文缅怀他的业绩，赞誉他的品格。关山在回忆文章《昂扬激越——深切怀念齐越老师》中写道："一见便推诚，感身教言传，如此关心知己少；三十年怀往事，论公情私谊，不堪回首泪痕多。"吴新在他的《齐越——一个大写的人》一文最后赋诗一首，称赞齐越的品格："俯仰无愧心安静，顾盼得

图 2-5：20 世纪 50 年代，齐越和潘捷在天安门城楼转播五一国际劳动节庆典实况
（引自《把声音献给祖国——齐越的播音生涯》）

心神不宁。活得踏实真善美，心态安详如镜明。”

齐越老师在播音创作中的真情，还体现在他对于采、编、录、制等人员虚心求教、真诚的合作态度上。他说：“编辑、记者是我不可缺少的合作者。”他说：“一次广播节目的产生和播出，是编辑、记者、播音员、录音员、调度员、机务员等共同劳动的成果……在长期的播音实践中，我深深体会到编辑、记者、录音员等同志是我的老师，是工作中离不开的战友，是我的第一轮听众。没有他们的帮助与合作，播音创作是很难获得成功的。”他常对年轻的同志说：“编播之间互知甘苦，彼此尊重，相互帮助，密切合作，是人民广播事业的好传统。过去，编播之间山水相隔，联系尚且密切；现在，双方近在咫尺，应该比那时候更密切合作才是。”

第三节 拳拳赤子心 殷殷师生情

师母在回忆录中用了三章“拳拳赤子心，殷殷师生情”叙述导师的教学活动，包括导师对基层播音员、青年教师、在校学生和研究生的培养等等。在导师对我们的培养过程中，我们亲身体验到了导师对我们的一片真情。

师母回忆说：“1991 年，当刘淮同志著的《齐越和他的播音生涯》一书完稿付排时，需选登一批照片。当时出版社提出选用的照片只能有一至两张彩照，征求齐越的意见。我当时提出是否把庆祝从事播音 40 周年和参加十三大的照片用彩照，他却说：‘不！如果只能用一张彩照，就用辅导青年教师的照片；如果能用两张，另一张则选用与研究生的合影。’他回答得那样斩钉截铁，毫无商量的余地。他对他的学生的真挚感情，是如此一往情深。”

导师常说：“我培养的是人！”他对学生的真情体现在严格与爱护的统一上。

齐越老师十分注重培养学生坚定的信念、强烈的事业心、团结协作的精神等党的宣传员、新闻工作者的必备素质。他经常告诫我们说：“播音员是党的新闻工作者，要努力学习马列主义、毛泽东思想和党的方针政策，不断增强政治敏感，提高政治水平；永远不要忘记用党性的高标准要求自己，要想党所想，急党所急；既要认真学习、宣传党的方针政策，又要身体力行：宣传要别人做的，自己也要努力去做，宣传要别人不做的，自己也坚决不做，心口如一，言行一致，不能说的是‘一朵花’，做的是‘豆腐渣’。”他要求学生“根基要深”：要坚定不移地深入实际生活，拜人民为师，向人民学习，不断改造世界观，增强无产阶级感情；要从人民群众中吸取政治营养充实自己，爱人民所爱，憎人民所憎，和人民群众同呼吸，共命运。他十分强调年轻播音员和青年学生的个人修养。他曾提出“播音三戒”：一戒自我表现，二戒随心所欲，三戒千篇一律。他言传身教，从不以名人、专家自居，当有人称他是著名播音艺术家时，他却说：“我只是一个普通党员，一个老播音员。”他对学生们和青年播音员说：“成为名播音员，不是终点，是新的起点；是党向我们提出的更高的标准，更严的要求；要求我们努力做出更大的成绩，不断攀登播音艺术的高峰。”齐越老师在《我对青年播音员的希望》一文中说：“播音员修养的加强是没有尽头的，播音水平的提高是没有止境的。不要沉湎于一次的成功，也不要因一次的失败而灰心。播好一篇稿子或一个节目并不难，难的是数十年如一日不断进取，精益求精，永远将高质量的精神产品奉献给听众。如果你一时有些成就，则贵在有自知之明；如果你处于逆境，则贵在坚韧不拔。满足现状，就意味着停滞或倒退。”

齐越老师的真情体现在他要求学生素质的全面提高上。他不光要求学生政治素质的提高，而且要求学生业务能力和文化科学知识的全面提高。他说：“努力提高文化水平，不断扩大知识面，当前，尤其要注意知识的更新，要学习现代化的经济、科技知识。要下苦功学习语言，改变千篇一律的播音腔。要结合播音工作的实际，向电影、戏剧、曲艺等语言艺术学习，合理地运用和借鉴。”他倡导播音员应登台朗诵，锻炼语言表达能力，丰富语言表达技巧。他自己正是这样做的。一有机会，他就带学生深入基层，当场为群众朗读、朗诵。如今导师这一经验已在教学中传下来，我们每年都举办“齐越朗诵艺术节”，以后会永远地办下去，给同学登台朗诵提供舞台和机会；老师们在课上也举办朗诵会，丰富学生语言表达技巧。齐越老师还要求我们学生要“一专多能”。他说：“我主张播音员成为广播宣传工作中的多面手，能播、能采、能编。在播音方面要全面掌握，一专多能，百花齐放，百家争鸣。尤其是现在，广播节目内容丰富，形式多样，更需要多面手，才能适应工作的需要。为此，播音员纷纷排练广播剧，朗诵文艺作品；有的还给电视片解说，给电影配音等，这是一个好的现象，对于提高语言表达能力、成为播音多面手是有益的。”

齐越老师对我们的真情，体现在他对我们的严格要求上。他用“延安精神”引导教育我们，培养我们养成一丝不苟的创作作风和工作作风。他要求我们每次播音都要从零开始，要舍得花力气，不能凭主观想象去播音。不能认为某些稿子不重要或听众少就不认真对待，就掉以轻心。他要求学生做到的，自己首先做到。他每次播音或讲课都十分认真地做准备，详细写出分析笔记或教案。1984 年夏，应烟台广播局邀请，齐老师带吴郁、敬一丹和我赴烟台辅导培训当地播音员。由于我自己对所讲内容较为熟悉，所以事先只是准备了讲课提纲，标明了所用材料和例稿的页码，未写出详细讲稿。到了烟台，在讲课前一天，齐老师检查我们各自的准备工作，发现我没有把详细讲稿写出来，便语重心长地说：“你熟悉内容，有自信心当然是好的，但是作为年轻人刚开始讲课，要一步一个脚印，扎扎实实。越是自己熟悉的内容，越不能掉以轻心。”他针对当地学员的具体情况，调整了教案，我根据他的要求，连夜加班，赶写详细讲义。深夜，齐越老师怕我饿了，就拿出他自带的饼干给我吃。齐越老师有糖尿病，容易饿，他出差又总是晚上加班工作，休息得晚，便带上无糖饼干食用，也免去了让人给做夜餐的麻烦。他看我不肯吃，就说：“休息一下，我们一起吃，我带得多，够这几天吃的了。”我和他一起吃饼干，一起讨论讲课的内容。在烟台讲课，他和我住一个房间，由于白天日程安排紧、工作量大，晚上他还要根据每个学员的情况调整讲课内容，太累了，睡得也晚，所以晚上睡觉时便打起了呼噜。我怕他这样工作身体吃不消，第二天便建议他晚上不要熬夜了。他问我："昨晚我是不是打呼噜了？"我说："是。"齐老师当时没说什么。等到晚上再睡觉时，他怕影响我休息，就侧身张着嘴睡觉。在导师培养我们的过程中，有许许多多严格与爱护统一的事例。

齐老师对我们的真情，体现在他总是希望我们创新，总是希望学生胜过导师。一次，他给敬一丹和我上课。按照系里的要求，由齐老师带我们俩在课上讨论研究并写一篇关于正确播音创作道路的文字表述稿。经过讨论，我们三个人的意见并不完全一致，齐老师并没有去"纠正"敬一丹和我的表述向他靠拢，而是十分高兴并鼓励我们有自己的见解，让我们都写下来，保留不同看法。他将三份文字稿一同交到了系里。师姐敬一丹的毕业论文是写主持人的，她的这一开拓创新精神，得到了齐老师的支持。师姐在《一颗透明的心》一文中回忆当时的情景："在确定'主持人节目'这个选题之后，我曾经有些犹豫。主持人节目是一种新的形式，实践与理论都处于探索阶段，可依据和参考的东西很少，写起来有一定的冒险性。选择这样的题目，齐老师会不会同意呢？没想到齐老师欣然同意了，并从多方面对我进行指导帮助。从这里我感觉到他并不像有些人认为的那样只守着老传统，他对新事物抱有由衷的热情。"[1]

齐老师对我们的真情，体现在他对我们以诚相见，平等相待，即使是师生，也可以开展同志式的相互批评和帮助。齐老师有一条准则，外出录音或讲学，不搞特殊化，不住高级宾馆，不搞宴会招待。我们去烟台讲学，当地领导十分重视，也十分热情。这热情使齐老师有些着急，我怕他发火，便向他建议：要注意尊重当地组织上和领导的安排，同时耐心地讲明我们的准则。齐老师接受了我的建议。当看到学员住宿条件和就餐的饭菜品种和我们都一样时，齐老师便放心了。师姐敬一丹在《一颗

1　齐越奖励基金办公室：《永不消逝的声音》，北京广播学院出版社，1997 年，第 218 页。

透明的心》一文中也讲道:“在党员会上，我给齐老师提了意见，希望他带研究生时不要过于严厉，以免学生对他敬而远之，由于紧张而抑制创造力。作为学生，对德高望重的导师提这些意见，似乎不大合适，但我谈这些意见时，心里没有多想什么。因为齐老师鼓励的目光告诉我，他是诚心诚意来听别人意见的，即使说得不完全、不正确，他也不会计较，他以坦荡的胸怀面对大家。事后，听说齐老师郑重地和党支部书记谈到，他从学生的意见里，受到了震动，引起了思考。过了几天，齐老师把我们几个研究生找来谈心，他说:‘我想和大家谈谈自己。’这次他跟我们谈了他的身世、他的经历。我们也都敞开了胸怀，谈了自己的情况和遇到的困难。两个多小时的同志、亲人般的交谈，使师生更进一步加深了解，沟通了心灵，使我们感到导师对我们的真挚感情，他不仅可敬，而

图 2-6：齐越与他的研究生合影并题词:喜看后浪推前浪，更愿学生胜老师
（前排左一:娄玉舟，后排自左至右:付程、敬一丹、姚喜双）
（引自《把声音献给祖国——齐越的播音生涯》）

且可亲！”

“喜看后浪推前浪，更愿学生胜老师。”我们毕业时，齐老师带我们四个研究生特地到大北照相馆照了一张正规的合影照片。这两句话是他在照片后的题词，代表了他真诚的心愿，真挚的情感。

导师虽然离开了我们，但每到清明节或导师祭日，我们都要到八宝山导师像前，汇报我们的工作，倾吐我们的心声。在我们每天的学习、教学、工作中，我们总感到导师仍在我们身边，用他那慈爱的目光注视着我们，导师的教诲总是响在我们的耳畔，导师的真情永远珍藏在我们心间！

第四节 传承齐越精神

情感是艺术创作的生命，是播音的基础。只有在播音过程中，把握好情感，掌控好情感，自然地流露情感，才能感染听众。科学技术的创新促进了我国播音事业的长足发展，人工智能播音就是其中的一个产物。但人工智能播音无法取代播音员的一个重要原因就在于播音员具有真情实感。不论时代怎样变迁，播音员都应该坚守真情实感。齐越老师作为中国共产党第一位著名男播音员，真情实感贯穿了他的整个播音创作生涯中。我们说新一代的播音员要传承“齐越精神”，其中最重要的一点就是要学习和继承他的真情实感，他对党对祖国对人民的赤胆忠心、赤子之心。

一

齐越老师播音创作的法宝，最核心的就是真情实感。因为齐越老师是从战争年代走过来的，所以他的播音风格是爱憎分明、充满激情、雄浑豪放的。他的播音风格引领了新中国人民广播播音的一代新风。很多人评价听齐老师的播音听的都是心声，听的都是真事儿，听的是真情实感。

1983 年 12 月 26 日是毛主席 90 周年诞辰，齐越老师给我和敬一丹上课，教我们如何播报毛主席的故事。齐越老师给我们布置了方纪的《挥手之间》，这篇稿子记录了毛主席从延安赴重庆谈判的历史时刻。我们播完之后，齐老师说我们两人的播音水平大体达到电台播音员播出的水平了，但是感情还不够。齐越老师脱下大衣，从大衣兜里掏出方纪的《挥手之间》，他把稿件贴在硬纸壳上，翻动时不会有响声。播音间墙上挂了一张毛主席去安源的画像，齐越老师先对着毛主席像说话："主席，今天是您老人家 90 周年诞辰，我是曾经在您身边工作过的播音员，现在我已经不能再回到中央人民广播电台 4 楼的播音间播音啦。让我用教学这块小小的阵地，用方纪的《挥手之间》来纪念您老人家的诞辰吧。"说完，他打开话筒，感情饱满地播出了《挥手之间》。

齐越老师在播报《为了周总理的嘱托——植棉劳模吴吉昌》时，联想到自己和吴吉昌都受过周总理的嘱托，周总理嘱托齐越老师"要用'延安精神'做好工作"，嘱托吴吉昌"把棉花种好"。他们都在"文化大革命"期间受到了冲击。齐越老师在下放时，有人让他播报稿子，他没有播报。他觉得自己是因为念稿子受到的批判，就有点灰心了。吴吉昌在棉花试验过程中也受到了批判，但是他没有屈服，为了完成周总理的嘱托，坚持进行棉花实验。后来齐老师恢复工作以后，拿到《为了周总理的嘱托——植棉劳模吴吉昌》这篇稿子时，就想："我和吴吉昌有同样的经历，但是我不如吴吉昌做得好。所以今天让我们共同学习吴吉昌这样的精神。”齐越老师在播报《县委书记的榜样——焦裕禄》时，也是联想到了自己五六十年代在农村生活的经历。1957年，齐越老师下放到河北沧县，生活很艰苦，他和当地的农民一起战严寒、战盐碱地，和当地的老百姓结下了深厚的感情。1964年，齐越老师又被下放到了山西五台县。这些经历让齐越老师意识到百姓需要一个能带领百姓脱贫致富的带头人。因此他带着带领农民脱贫致富的迫切愿望播出了《县委书记的榜样——焦裕禄》，感动了千百万人。

齐越老师朗诵时富有情感的关键是他会运用联想和想象的手法找到点燃情感的“柴草”。齐越老师1983年在政协礼堂朗诵艾青的诗《古罗马的大斗技场》，在正式朗诵前，齐越老师先到艾青家里给艾青朗诵，艾青听后很满意。但他觉得自己朗诵得还不够，也就是没找到点燃情感的“柴

图 2-7：齐越（右）与著名诗人艾青合影

（引自《把声音献给祖国——齐越的播音生涯》）

草”。到了正式在政协礼堂朗诵那天，艾青先做报告，然后由齐越、夏青和葛兰几位著名播音员先后朗诵艾青的诗。当艾青做完报告，从舞台走到台下，回到人民群众中间的那一瞬间，齐越老师情感的“柴草”突然就被点燃了。因为他联想到艾青被打成右派，在新疆待了十几年，人民找了他十几年，等了他十几年。艾青是人民的诗人，今天终于又回到了人民中间了，让我用艾青的《古罗马的大斗技场》这首诗来祝贺艾青的归来，欢庆人民的胜利吧！

齐越老师的每一篇作品都是饱含着真情播报的。他的播音创作能够取得如此大的成就，就在于他用真情实感来表达，就在于他把自己的全部情感都融入了播音创作中。

齐越老师给我们留下了宝贵的精神财富，齐越精神可以概括为：忠诚、敬业、爱民、廉洁、奉献。

第一点是忠诚。齐越老师在中国广播电视协会播音学研究委员会成立大会暨“齐越从事播音工作40周年祝贺会”上说：“有人把播音员与国内新生代主持人和国外一些主持风格鲜活的主持人做比较，说我们播音员太死板了，只会拿着稿子念，是个传声筒，对我们传统风格的播音员有些偏见。是的，我是一个播音员，我是一个传声筒。战争年代，我传的是毛主席、朱总司令写的一封封捷报；和平建设时期，我传的是雷锋、王进喜、焦裕禄、吴吉昌、李月华……这样一个个英雄模范人物。我传的是中国人民战胜艰难险阻走向胜利的声音，我传的是中国共产党堂堂正正的真理之声，我以此引为自豪。战争年代，敌机轰炸了我们的广播台，战友为了保护播音设备牺牲了，这些设备是他们用命换来的。每当我坐在话筒前，战友的形象就浮现在我眼前，我对播音事业不敢有丝毫的懈怠。如果我有来世，我还要做中国人民的播音员，做中国共产党的传声筒！”当时齐越老师说得掷地有声，反映了他对党、对人民的忠诚。

图 2-8：1987 年 8 月 16 日，北京广播学院举行“齐越从事播音工作 40 周年祝贺会”，齐越在会上做题为《人生在世，事业为重》的发言

（引自《把声音献给祖国——齐越的播音生涯》）

第二点是敬业。齐越老师认为 8 小时培养不出播音员。他平时广义备稿，关心国内外大事，时刻关注国家政治、经济、文化、科技、军事各个方面的发展。他不会看过稿件，确定没有不认识的字就马上开始播音，而是会根据稿件内容随时调动自己的感情。见字出声，肯定创作不出优秀的作品。有的稿子他会反复录，有些稿子他会抓紧每一分每一秒认真地进行播前的准备。在教学过程中，他以身作则，要求学生做到，自己首先做到，要求研究生播的稿子，他自己会先播一遍，他的敬业精神给我们留下了深刻的印象。

第三点是爱民。齐越老师心中始终装着听众，以人民为中心。他积极深入群众，了解广大群众的生活，下基层下煤矿，深入工厂、农村、部队、学校。这使得他在播稿时，能想到听众，急听众所急，能有对象感，能和听众打成一片，他的稿子感动了无数人。解放战争时期，以齐越老师为代表的延安老一辈播音员的播音，很有感染力、感召力，他们心怀各方听众，甚至也感动了国民党官兵。用陈毅元帅的话来讲，播音员相当于百万大军，他们的播音使得国民党官兵缴械投降。原国民党飞行员刘善本在听到延安新华广播电台播音员的播音后，驾机起义飞到延安。抗美援朝时期，齐越老师播报了《谁是最可爱的人》，朝鲜前线的志愿军还曾写信给他，这封信现在存放在齐越教育馆。齐越老师很在意他的听众，给听众回信也很认真，和听众结下了深情厚谊。齐越老师病重时，嘱咐我一定要回复听众的来信，我便按照齐老师的要求一一回复。齐越老师去世时，很多听众作为代表前来悼念，有的听众还写了很多的诗篇。齐越老师觉得他能够播好这些作品，要感谢培育他的乡亲们，所以他留下遗嘱，他的骨灰一部分要撒在河北沧县姚官屯乡姜庄子村，一部分要撒在山西大建安。齐越老师去世后，按照他的嘱托，齐越老师的一部分骨灰用飞机播撒到了山西大建安。河北姜庄子的人民群众则说，齐越老师和他们结下了深厚的感情，他们要把骨灰撒在他们的苹果园里，而且要为齐越老师立一块碑。齐老师的这些作品都是有生活基础、群众基础、实践基础的，他的作品带着泥土的芳香。

第四点是廉洁。齐越老师说：“我首先是一个党员，然后才是一个播音员。我首先是党的新闻工作者，然后才是语言艺术工作者。”他在生活当中按照党员的标准严格要求自己，他说不能播的是“一朵花”，做的是“豆腐渣”，要求别人做到的自己首先要做到。在外出开会或讲学时，他不愿接受特殊待遇，不想让主办方特殊照顾他，他希望和学员住在一起；他也不接受学生单独为他办会议，拒绝接受他人的赠礼。齐越教育馆既是展示播音艺术家的教育馆，也是展示党风廉政建设的教育馆。齐越教育馆有很多基地挂牌，既是中央人民广播电台播音员、主持人的基地，又是纪委组织部的基地。这也证明齐越老师是党风廉政建设的模范。

第五点是奉献。齐越老师将他的一生都奉献给了播音事业，奉献给了党和人民。齐越老师把他播音赚来的稿费捐给了灾区、幼儿园、房东大娘等。他的一生一直在奉献，也从不要求别人回报。

齐越老师播音事业的成就主要体现在三大方面。齐越老师是我们党的第一位著名的男播音员，开创了人民广播的历史，引领了人民广播的新风。齐越老师是时代声音的记录者，播报了我们党和国家的许多重要文献、重要作品。齐越老师对我国的播音教育事业也做出了重大的贡献，他搭建了播音理论的框架，培养了最早的一批播音员研究生，提出了“播音三戒”。齐越老师是一代宗师，高山仰止。

首先，齐越老师是我们党的第一位著名的男播音员，这是现今播音界都公认的一个评价。得出这样一个结论，也是费了一番功夫，经过严格考证的。1993 年，齐越老师去世时，我担任北京广播学院的校办主任。作为齐越老师的一名学生，我分到了为齐越老师撰写生平的任务，并要求在他去世当天晚上撰写完成。1947 年，齐越老师从做文字工作转成做播音工作，陕北新闻广播电台从 4 个男生中选择了他，当时任广播局局长的梅益同志握着齐越老师的手说：“你将成为我们党的第一位男播音员。”这个结论是说从 1945 年开始算起，齐越是我们党的第一位男播音员。之前普遍认为，中国人民广播始于 1945 年 9 月 5 日。1965 年 9 月 5 日，毛泽东、刘少奇、周恩来、朱德、邓小平等领导人都题词纪念人民广播 20 周年，毛主席的题词是“努力办好广播，为全中国人民和全世界人民服务”。曾任北京广播学院副校长的赵玉明老师，经过研究以后，把中国人民广播史向前延长了 5 年。赵玉明老师认为 1940 年 12 月 30 日，延安新华广播电台（呼号为 XNCR）的创办是人民广播史开端的标志。在 1940 年至 1945 年期间，延安台曾一度因抗日战争中断。1945 年抗战结束后，延安台恢复了播音。延安台诞生了我们党的第一位女播音员——徐瑞璋，她的播音号为麦风。延安台也有一位男播音员叫王恂，他参加了 3 个月的播音工作，后来我还找到了他的日记。所以，把齐越作为我

图 2-9：1981 年齐越（左二）与焦裕禄家人合影留念
（引自《把声音献给祖国——齐越的播音生涯》）

们党的第一位男播音员就不准确，但是组织上要求必须把齐越写为第一位男播音员，从中央领导到广播局的领导都是这么定位的。我就表述为这样一句"齐越是我们党第一位著名的男播音员"。王恂虽然是第一位男播音员，但他播了 3 个月就不播了，而齐越老师从踏上播音岗位起，就以播音为终身事业。

其次，齐越老师是时代声音的记录者，是中央人民广播电台、中国人民播音事业的优秀代表。在他几十年的播音生涯中，他播报了一系列人民大众喜闻乐见的作品。1949 年 10 月 1 日，齐越老师与丁一岚老师一起向全世界现场直播了开国大典的盛况。抗美援朝时期，齐越老师播报了《谁是最可爱的人》。他还播出了我国一个个英雄人物、劳动模范人物的事迹，比如《县委书记的榜样——焦裕禄》《为了周总理的嘱托——植棉劳模吴吉昌》。他还播报了我们党和党的领导人的故事，著名的有《巍巍昆仑》《在彭总身边》《大地的儿子——周恩来的故事》。这一系列重要作品在广大听众中引起了强烈的反响。

另外，在播音创作上，在有声语言表达上，齐越老师抓住了真谛。这个真谛就是真情实感。当你播一篇稿子时，没有真情实感，做不到情真意切，就很难表达好。齐越老师的要求是，拿到一篇稿子，要抓住主题，要有真正的感情，同时要把握好分寸，要基调统一，同时要有变化，不能播什么都是“一道汤”。他拿到一篇稿子不是简单地划分主次，不是简单地看哪些字不认识，他一定要调动起自己的感情，把自己和稿件联系起来、把自己融入稿件中。因此，他播的稿子是高质量的，是精品。

最后，齐越老师在播音教育事业方面取得了很大的成就。齐越老师培养了一批优秀的学生和播音员、主持人。新中国成立以后，他一直是中央人民广播电台播音组的组长、播音部的指导。他也是北京广播学院第一批招收研究生的导师。齐越老师给我们上的第一节课，说的第一句话就是：“我培养的是人”，他要求我们先学会做人，然后再做学问。这与现在提倡的立德树人的教育目标是一致的。齐越老师也希望他的学生是一个有创造力的人。记得有一次系里要求齐越老师带着我和敬一丹一起研究正确的播音创作道路。齐越鼓励我们要独立思考，开拓创新。最后，敬一丹和我形成了各自的观点和表述，齐老师对此很高兴。齐越老师一共培养了 4 个研究生，娄玉舟、敬一丹、付程和我。他发自内心地希望自己的学生能够在播音事业上有所成就，希望青出于蓝而胜于蓝。他的精神也一直在鼓舞着一代又一代的新闻传媒后辈。

齐越老师还提出了“播音三戒”：一戒自我表现、二戒随心所欲、三戒千篇一律。这是他对自己的要求，也是对后辈播音员的要求。一戒自我表现是指不要把展示自己的嗓音、形象放在第一位，要从内容出发。二戒随心所欲是指拿到一篇稿子，不能因为自己是老手高手，就不做准备直接播，不能想怎么播就怎么播，要珍惜每一分每一秒认真严谨地准备和训练。三戒千篇一律是指不能每篇稿子都是一个样子、一个模式，同一种类型的稿子也不能播成“一道汤”。齐越老师给我和敬一丹讲新闻播报时，有一组新闻是讲山东的小麦丰收和河南的小麦丰收。齐老师说这两省的小麦丰收不能都喜气洋洋地播。山东的小麦丰收是在连年丰收的基础上又获丰收，这可以喜气洋洋地播，但河南的小麦丰收是在发大水之后抗灾之年才获得的丰收，这要以坚定的语调来播，体现出抗灾夺丰收，使得这两则消息的语言表达有变化、有区分。如今，“播音三戒”刻在了中国传媒大学校园里齐越老师的塑像基座上。这座塑像是刘焕章同志雕刻的，每年一到清明节或重大的节日，大家都通过敬献花篮的方式纪念齐越老师。

为纪念齐越老师、传承发扬齐越老师的精神，在上级党组织领导下，我带领操办了几件有意义的事情。第一件事是请时任广州美院院长的黎明同志给齐越老师做了雕像。黎明同志是中国工艺美术学会雕塑专业委员会的主任，橘子洲头的青年毛泽东雕像就是他创作的。我到广州拜访了黎明同志，向他讲述了齐越老师的生平事迹。黎明同志说，齐越老师不仅在播音史上，而且在共和国的历史上都是一位里程碑式的人物。如果只雕塑齐越老师人像的话，就体现不出齐老师的价值和贡献。所以，黎明同志最终决定雕刻齐越老师在天安门城楼上直播开国大典实况的雕像。浮雕上还刻了毛主席宣布“中华人民共和国中央人民政府今天成立了”时用的话筒。当时只有两个话筒，一个毛主席用，一个齐越和丁一岚直播开国大典用。在雕像的底座上，刻了许多小话筒来表达此时此刻，全世界都在转播，都在倾听着这一个声音：中华人民共和国中央人民政府今天成立了！

第二件事是创办了齐越朗诵艺术节。齐越朗诵艺术节创办于1996年，是全国朗诵艺术界最高级别的活动和赛事。最开始只有中国传媒大学的老师和学生参与，后来其他高校也加入进来。2013年我调到语言文字应用管理司工作，跟相关领导汇报了“齐越节”的相关事项并得到了他们的支持，2013年“齐越节”得到了教育部和国家语委相关部门的指导，就成了由教育部、国家语委指导的朗诵艺术大会。获得“齐越节”大奖的参赛者，都践行着齐越老师播音创作的真谛——真情实感。谁有真情实感，谁能打动台下的评委，谁就能取得好成绩。

第三件事是我们在沧州师范学院建立了齐越教育馆。当时沧州师院一直想增设播音主持专业，却审批不下来。他们学校的老师、系主任、二级学院院长问我能不能帮忙申请。在我看来，沧州师院申请播音主持专业的基础还比较薄弱，想要从根本上帮助他们。沧州正好是齐老师骨灰播撒的地方，如果沧州师院建一个齐越教育馆，既能弘扬齐越精神，也能为学院增设播音主持专业打下基础，这样再向教育部申请增设专业，就会水到渠成。后来，我把自己的想法告诉了沧州师院的党委书记陈西峰同志，陈西峰同志听取了我的建议，开建“齐越馆”。我便对陈西峰同志说，不要把这个馆命名为“齐越馆”，要叫“齐越教育馆”。一方面，命名为“齐越馆”要经过各个方面批准。另一方面，建这个馆的目的不是为了展示齐越，而是为了教育广大师生，教育广播电视系统的同志们。随后，沧州师院就着手建设了齐越教育馆，沧州市委书记和河北省教育厅的领导都很重视。另外，建齐越教育馆也得到了齐越老师的女儿女婿齐虹和任振强的支持，他们把齐越老师珍藏的一些播音录音，家里的一些物品都捐献给了齐越教育馆。最后，沧州师院申请增设播音主持专业也获得了成功。

齐越教育馆的定位是“四地”：阵地、基地、高地、圣地。我们指导沧州师院在《中国教育报》上发表了一篇文章，提到要把齐越教育馆打造成“三地”：阵地、基地、高地。后期我们还要把齐越教育馆打造成圣地。首先，齐越教育馆是高校思想政治工作会议的阵地、党执政的阵地、党培养喉舌的阵地。作为党的喉舌，电台、电视台的播音员和主持人都来齐越教育馆接受过教育。有次巡视组同志在巡视时，发现播音员每天播报时会出很多差错。中央人民广播电台播音指导委员会副主任、播音部办公室主任贾际和中央人民广播电台播音指导委员会主任、常务副台长赵忠颖说了这一情况，我提议让中央人民广播电台播音员到齐越教育馆接受教育。战争年代，齐越播出毛主席的文章，毛主席指示此文件不要播错一个字，齐越一个字也没播错，圆满完成了任务。我们今天的播音员、主持人应该学习和传承齐越老师这种严谨认真的工作态度与作风，所以随后，中央人民广播电台 150 个播音骨干都去了齐越教育馆接受培训。全国政协副主席罗富和同志，以及阎晓明台长、赵忠颖、河北省领导和我都给授课。齐越老师是廉政的模范、忠诚党的事业的模范，也有组织部门的干部到教育馆学习，所以说齐越教育馆是共产党执政的阵地，是共产党培养喉舌的阵地。其次，齐越教育馆是培养人才的国家战略基地。教育馆承担了教育部的中小学教师国家级培训计划，承担了对港澳普通话的培训。第三，齐越教育馆是播音主持人才培养的高地。葛兰、方明、敬一丹、虹云这些著名的播音员均是沧州师院的兼职教授和研究员、齐越教育馆的馆员。黄勇同志是齐越教育馆的馆长。播音主持和新闻传媒界的大师都在此云集担任研究员和馆员。最后一点，要把齐越教育馆打造成圣地。那些想培养播音员、节目主持人的领导，想办播音专业的学校领导，想做好播音员的后辈都应该到齐越教育馆看一看，不忘初心、牢记使命。齐越教育馆现在已经有数万人参观、访问和学习了，发挥了积极的教育作用。

我在播音创作和播音教学中践行和传承着齐越老师的精神。我能把每一首诗都朗诵好，得益于齐越老师的真传和教导：朗诵时有真情实感，有画面，有情景。这种真情实感后来催生了播音的三个内部技巧：一个是情景再现，要有画面感；一个是对象感，联想听众的期待；一个是内在语，思考稿子最本质、最内在的东西。掌握了这些技巧，就能找到点燃感情的“柴草”。我在新冠肺炎疫情期间朗诵了王蒙的《青春万岁》。我联想到了抗击疫情的白衣天使，他们大多是青年人，我想通过这首诗来讴歌他们的青春万岁。导师告诫要“先学会做人，然后再做学问”，我始终牢记在心。带研究生时，我给研究生写了1个条幅，8个字：勇于吃亏、善于创新。做人首先要勇于吃亏，要敢于吃亏，要能够吃亏。这样，同学关系也好相处，大家都主动争着干，主动奉献一份力量。做学问要善于创新，不断思考，形成自己的见解。这些都是齐老师在人才培养上的传承，也是他的教育思想对我的影响。他无论在播音方面，还是在人才培养方面，都给我们做出了榜样。

（姚喜双口述）

二

敬一丹是齐越老师的第二届硕士研究生。在接受采访时，她真诚地说：“读研究生时，每当有人问起我，你的导师是谁，我回答是齐越老师时，心里总会有一丝紧张，害怕他们说这学生不像齐越。如果别人说这学生还挺像齐越的，我觉得那是对我最大的肯定。齐越老师是一位严师，同时也是传统和现代交融的一位导师。能遇到这么好的导师，是我莫大的荣幸。他对我最大的影响是敬业和严谨。在齐越老师看来，不敬业不严谨是不可原谅的。其次，是他对我学业和研究方向做了引导和肯定。我现在回想，假如我没有跟着齐越老师读研究生，我不会成为今天的我，我会缺少很多东西，我的知识结构不会完整，我对专业的态度可能会是另外一种样子。”

敬一丹也具体谈及了自己研究生期间齐越老师对她的指导：“刚读研

究生时，我不知道要如何写论文、如何做研究，怎样规划自己的未来。我研究生毕业论文的选题是节目主持人，当时还没有人研究过节目主持人，我可参照的东西不多。报毕业论文选题时，就有人说，节目主持人这个选题太新了，全国也没几个节目主持人，也没有相关论文或文章，甚至也没有相关的心得，这能做毕业论文吗？你导师能同意吗？导师也没有接触过主持人业务啊。然后，我和齐越老师说了我的想法，齐越老师说，做这样一个课题要从实践开始。齐老师给沈力、虹云、徐曼三位老师写了几张纸条，上面写着‘我的学生小敬要从事主持实践的研究，请你帮助她’。所以我的研究生毕业论文是从实践开始的，去观察这三位节目主持人如何工作。沈力老师不只是一位播音员，她曾经很长一段时间在从事编导工作，沈老师让我看了《为您服务》栏目的稿件，从中可以了解沈力老师处理文字的方式和话语方式。通过对中国最早一批主持人的研究，我发现他们共同的特点是他们都是采编播合一的。后来，我也从节目主持人的研究者，变成了节目主持人的实践者。我毕业论文答辩时，沈力老师是我的答辩委员。在毕业论文写作过程中，齐越老师对我说，如果 2 万字可以把观点表达清楚，就不要写 3 万字。文字表达要简洁明了，不要求形式上的字数。他对我的毕业论文的指导非常有智慧，他的治学态度也影响到了我。”

敬一丹说：“最让我敬佩的是，齐老师拿到稿子以后，就不会有和稿子无关的言语行为了，注意力全在稿子上，聚精会神地背稿子。我们作为学生，拿到稿子看了一遍以后，还可能聊会儿天，分会儿神。齐老师对播音事业的全力以赴，对这份职业的尊重和投入，对我的影响都是深刻而持久的。”

（敬一丹口述）

三

在雅坤看来，真与诚是最重要的品质。播音时，要心怀真与诚，待人处事也需要真与诚。只有做人真诚，播音才会真诚。

雅坤回忆齐越老师在指导他们播音时经常说："播通讯时，要感情饱满，要把自己燃烧起来，没有真情实感，能播出感动听众的作品吗？"雅坤说，齐越老师在生活中是一个非常真诚的人。她举了一个例子："20世纪70年代，我爱人东北老家发大水，家里什么都没了。冬天时，我们要寄钱让他们做棉衣。以我们当时的收入，再加上有一个孩子要养，就没有钱寄给他们。我先生说，要不先向同事借点吧。当时播音部，齐越老师的工资是最高的。我就找了齐越老师，和他说明了情况，想向他借点钱。齐越老师二话没说，就把他的银行存折给我了，说你用多少取多少。当时我就觉得，齐老师真的太真诚了，太热情了。我取了五十块钱，当时的五十块钱不是小数目。我把存折还给齐越老师时，告诉他我取了多少钱，争取几个月内还给他。他说，不着急，千万别因为这个勒紧裤腰带过日子，什么时候还都没关系。通过借钱这件事就看出齐越老师待人真诚。"

雅坤说："齐越老师不只对我一个人如此真诚，他对其他后辈也是这样。齐越老师的情绪总是写在他的脸上。我们这些后辈播音播得好，他就会替我们高兴，并给予口头上的表扬与肯定；我们播得不好，他会替我们着急，希望我们能取得进步。所以我们这些年轻同志，都非常尊敬他。"

齐越老师待人热情，总是为他人着想。雅坤说："齐越老师就是一把火，他走哪都会把周围的人带动起来。朗诵也是他带头组织的。就连他生病了，从亚非疗养院出来，还登台表演，带动大家参与朗诵，提高大家的语言表达能力。"

（雅坤口述）

第三章

口述夏青——永远的共和国之音

夏青

（1927—2004）

新中国第一代播音员，中央人民广播电台播音指导。

夏青，本名耿绍光，1927 年出生，黑龙江人。1948 年参加革命，1950 年担任中央人民广播电台播音员，先后担任中央人民广播电台艺术委员会委员、播音部副主任。

代表性节目有《新闻和报纸摘要》《阅读和欣赏》等；代表作品有《中华人民共和国宪法》《九评》《告全党全军全国各族人民书》等。曾担任中国文字改革委员会委员，中国播音学研究会会长、名誉会长。曾当选为全国政协第五、第六、第七、第八届委员。曾被评为全国十佳播音员，获特殊贡献奖。1991 年起享受国务院政府特殊津贴。2004 年逝世，享年 77 岁。

1949年新中国成立，全国上下百废待兴。为完成将国家新出台的政策及时传达至人民的传播任务，大力发展广播事业成为中央的工作重点。1950年的社论文章《各级领导机关应当有效地利用无线电广播》中提出“广播是群众性宣传教育最有力的工具之一，要利用无线电广播发挥重要作用”。[1] 至此，我国广播事业开始了艰难的起步阶段。

在1949—1952年的国民经济恢复时期中，广播电台的数量迅速增长，这一时期开办了很多不同类型的节目，通过播报新闻与讲解政策思想理论，让人们更好地了解了社会主义。1950年5月，夏青进入中央人民广播电台，正式开始了播音道路。

“前行需要回望历史，回望历史可以更好地前行。”作为新中国第一代播音员的夏青，担负着时代的使命，他的声音也被后人称为“难忘的共和国声音”。岁月流转，夏青早已在人民的记忆里成为永恒，他用声音播演了《中华人民共和国宪法》《九评》《告全党全军全国各族人民书》等一个个大师级播音经典，以及《新闻和报纸摘要》《阅读和欣赏》等深入人心的优秀节目作品。夏青将他的一生奉献给他心爱的播音事业，作为时代的亲历者、见证者、传播者，夏青是当之无愧的播音艺术家，是“共和国之音”的代言人，更是共和国广播事业发展历程的缩影。2004年，一代播音泰斗夏青老师与世长辞。

“夏青生前教育后辈常常用‘三万’来概括总结，‘读万卷书、行万里路、交一万个朋友’，他这样要求别人，自己也在工作中践行‘三万’原则”[2]。笔者与播音口述史研究团队对夏青的夫人葛兰进行了深入访谈，通过音视频记录了葛兰讲述夏青生平的点滴故事，本文将以此为依据深度剖析夏青作为“共和国之音”的风格范式，并给当代媒体从业者与新闻事业的发展提供启示。

1　李奕璋:《1949年～1966年广播发展特点浅析》,《今传媒》2019年第9期。

2　毛雯芝:《一直在路上——记夏青四十载播音生涯》,《青年记者》2013年第17期。

第一节 读万卷书，积淀媒体人“脑力”与“笔力”

图 3-1：夏青 1955 年照（葛兰提供）

夏青原名耿绍光，1927 年出生于黑龙江省呼兰县。1948 年在东北大学中参加了进步组织“中国民主青年联盟”，1949 年在新闻干部训练班学习，1950 年进入了中央人民广播电台担任播音员。1978 年 12 月中国共产党召开党的十一届三中全会，夏青播读了党的十一届三中全会公报，他是最早把“全党工作重点转移到社会主义现代化建设上来”这一特大喜讯传达给全国人民的播音员。这些发展的轨迹以及成就的取得，都与夏青平日里的博学多识，以及爱阅读、善思考的习惯密不可分。孟子说：“心之官则思，思则得之，不思则不得也。”渊博的知识是提升“脑力”的基础，媒体人只有通过多思、多想，才能获得更为深刻的人生体悟，也只有在博览群书、慎思谨言的基础上，才能获得“读书破万卷，下笔如有神”的“笔力”。

一、文化素养是媒体人工作的基础

在百家争鸣的时代背景下，广播节目的多种风格和类型样态也逐渐恢复。1961 年 5 月中央人民广播电台创办了《阅读和欣赏》节目，主要以中等文化水平的文学爱好者为对象，赏析、介绍历代诗文词曲的名篇，由齐越、夏青等进行播讲，因故停播一段时间后，1978 年 7 月恢复播出。夏青在《阅读和欣赏》中的艺术成就很高，许多作品成了夏青的代表作，夏青稳健大气的播音风格也在此节目中得到充分展现。

夏青播读的诗词令人印象深刻，长年饱读诗书甚至“嗜书如命”的他能够更好地理解古诗词的逻辑内涵，播讲起来极具大家风范。葛兰说：“夏青的播音并不是在那卖弄，而是全力以赴完全投入到稿件里去，除了《唐诗三百首》，还有古诗文的分解，他都吃得很透。一个播音员不是看本小说就行了，需要真的读百卷书、万卷书，夏青最大的乐趣就是看书、买书、逛书店。我们家购置的第一件家具就是一个带玻璃的书柜，这对当时的他来说已是极大的满足了。”爱看书的好习惯使他成了业界博学的“杂家”。由此可见，文化素养是主持人、媒体人从业的基础，夏青的博学值得现在的播音员、主持人向其执经叩问。

铁城在回忆夏青的播音成就时认为，夏青的能力来源于他喜欢学习，善于吸收的习惯。任何一篇新文章，“可能会涉及对党的方针政策的理解，但相关的内容他早已从别的文章里了解了。因此，他对这篇稿子就不陌生，这不是他有什么神奇的能力，而是平时积累得多。”播音部的同志，都管夏青叫“字音政府”“活字典”。别人请教夏青问题，他都积极热情地告知或查对。葛兰回忆道：“当年民盟主席张澜先生从上海给毛主席写了一封信，后面落款写‘张澜叩艳’。那时负责宣传的副局长顾文华就让秘书打电话给夏青，想请教‘艳’是什么意思。夏青当时就回答说，‘艳’字是 29 日，马日事变的‘马’是 21 日。事后，夏青又查找了不少有关资料，在他的笔记本上记录有这样的信息：查《辞源》3380 页（韵目）条，韵书以同韵的字归为一部，每韵以一字标目并确定其次第，成为韵目……旧时电报以韵目代日期，如十五日代以‘删’，二十一日代以‘马’，二十九日代以‘艳’。”

具备高度的思想、学识积累是播音主持的基本素养之一，媒体人作为国家战略传播的中坚力量，只有以丰富的文化知识武装自己，才能解读好、宣传好、传播好时事政策，传递国家声音。

二、业精于勤是“有理”风格的来源

夏青作为新中国第一代播音员，其浑厚有力的声音被很多人铭记心中，然而回溯到1950年，那时刚进入中央人民广播电台的夏青却因为普通话不标准而被取笑，东北口音的他总是把“国”读成“果”，葛兰帮他指正后，夏青认识到扎实的基本功和语言功底是播音员主持人的基础能力，从那以后，夏青下定决心苦练普通话。四十年如一日，夏青自觉地坚持基本功的练习，每天比别人提前一个小时到备稿室练声。

对于工作，夏青有着持之以恒的认真与专注。他在备稿方面讲究“三读三思”。“三读”即拿到稿件读三遍：首先第一遍粗读全文，了解文章的脉络和大意；第二遍细读，仔细浏览，分析文意内部话语之间的逻辑结构；第三遍再粗读，以防第二遍细读分析后，陷入文章的细枝末节中去。“三思”是分析完文章后还要想一想以下一些问题：一是把文章放在大的时空背景中去考虑，想想文章与历史和现实的逻辑关系；二是把文章放在整个节目中去认识，看看它与其他文稿、与整个节目的逻辑关系；三是把文章放在听众那里考虑，从播和听的逻辑关系去考察，以获得实际的传播效果。他把每篇文章的整体把握和精雕细琢紧密结合，融为一体，形成了自己的创作风格。

1980年夏青当选为中国语言学会理事；1981年被华中工学院（现华

图 3-2：20 世纪 50 年代后期，夏青为教育出版社录中学语文课文的老师监听审听（葛兰提供）

中科技大学）语言研究所聘为兼职教授，同时他还担任了全国高等院校文字改革学会顾问。1982 年，他受聘任国家语委审音委员会委员，还应邀担任北京广播学院播音系的名誉教授，工作的同时也撰写了多篇在播音业界影响深远的著作。[1] 一直以来，夏青从没有停止提高自身业务水平，严格要求自己，在专业领域留下了宝贵的文字财富。一位曾经在中国工作的澳大利亚大使写信给中央人民广播电台，称赞夏青的播音是“祖国之音”。据葛兰回忆：“当年有一位日本朋友每天把闹钟定在清晨四点，必须打开收音机听完夏青播读的电台呼号再睡，对他来说听到中央人民广播电台的播音是一种享受，可见夏青播音在听众心中的地位。”

1987 年以后，夏青的病越来越严重，1991 年，夏青、葛兰一起去新疆讲课，这次出门也是夏青最后一次远行。之后他的生活几乎都是在医院里度过的。1993 年，夏青患上脑血栓，从此无法上班。1997 年，患上类风湿病的夏青住进了铁路总院。那年，有一场毛泽东诗词朗诵会，夏

1　姚喜双：《夏青和他的政论文播音（下）》，《北京广播学院学报》1992 年第 6 期。

青坐着轮椅在台上朗诵《七律·人民解放军占领南京》。朗诵结束后，掌声经久不衰，那次朗诵也是夏青人生中的最后一次朗诵。

1998 年夏青因病住院，三个多月的时间里，葛兰一直陪在爱人夏青的身边，给他播放录音、唱歌、朗诵诗歌。后来夏青从昏迷中醒来，有了意识，可播了一辈子音的夏青最终因为疾病被切掉了声带。同年，在夏青播音成就研讨会上，葛兰声情并茂地说："'业精于勤'是夏青始终恪守的座右铭，也是他对年轻播音员的要求，'读万卷书'是他孜孜不倦的好习惯，也是他对后生晚辈的希望。至于什么名啊，利啊，在他看来只不过都是泡影，'真才实学'才是衡量一个合格播音员的标准。"[1] 夏青录的古诗词之所以能耐人寻味，就是因为他深厚的文学功底，"脑力"与"笔力"共同铸就了播音功力，也为夏青"有理"的播音风格打下了基础。

三、对广播新闻事业的忠诚是基调

晚年的夏青一直身体欠佳，1998 年 6 月 30 日上午，他突发癫痫，脑部缺氧致昏迷，在医院的全力抢救下，他恢复了自主呼吸，但从此说话困难。夏青将自己的青春乃至生命都献给了人民广播事业，为广播事业奋斗了五十多年的他依然谦虚地认为做得还不够，葛兰说："夏青生前讲，自己有三件事还没完成，一是教学，二是写作，三是播音。"

在夏青辞世 10 周年后，2014 年他的家乡哈尔滨建成了夏青文化艺术馆，夫人葛兰整理他过去的笔记本，大大小小一百多本，记录了他从 20 世纪 50 年代到 90 年代的播音生涯，也记载了夏青在工作中的各类学习笔记。葛兰将夏青的学习笔记拿出来，捐献给了夏青文化艺术馆，以便晚辈们看到夏青对于学习和工作的态度。

1　葛兰:《我眼中的夏青》,《新闻战线》1998 年第 12 期。

夏青同志的一生忠于党的广播事业，作为播音员，他将自己与国家命运紧密联系在一起，他刻苦钻研、深入实践的工作作风，精益求精、开拓进取的工作态度，勤恳敬业、不计名利的高尚品质，是我国广播界永远的财富。如今，新中国广播事业已走过七十余个年头，岁月易逝，年华易老，投身于新中国广播事业的老一辈新闻人，或已年迈，或已先后离去，但他们对新闻事业的不懈奋斗以及对马克思主义新闻事业的坚定信仰值得后辈新闻工作者传承和恪守。

党性原则观念、人民中心观念、新闻规律观念和正确舆论观念是我国马克思主义新闻观体系中的四大基本观念，也是每一位新闻从业者应当肩负的职责和使命。马克思主义新闻观作为新闻从业者工作的纲领和原则，是老一辈新闻人的精神信仰。新时代的马克思主义新闻观也在不断与时俱进，包括新闻舆论工作的使命观、政治观、人民观、真实观和

图 3-3：夏青工作照（葛兰提供）

创新观。[1]追溯历史，我们在老一辈新闻人的身上能够明确学习方向，作为播音员，稿子上是方针大计、是社会民情，心中有信仰，才能将文字变为声音，传递中国观点、中国立场。

第二节 行万里路，锤炼媒体人“脚力”

夏青作为新中国第一代播音员，他的播音风格稳重大方、质朴坚定、磅礴浑厚，形成了“有理、有力、有节”的语言艺术特点，而这与他丰富的实践探索是分不开的。夏青生前常常提起“三万”理念，其中“行万里路”体现了老一辈新闻媒体人用实际行动练就“脚力”，锤炼自我。在他看来，“脚力”是新闻工作者的根基。“文生于情，情生于身之所历”，媒体人自身对于新闻的亲历与实践活动会带来新闻认知层面的跃迁，也会成就更高的精神境界。夏青走过的路不仅有着泥土的芳香，也镌刻了智慧的注脚，是当代媒体人的标杆，也是老一辈播音员的典范。

一、坚守为人民服务的初心使命

从 1952 年 12 月至 1966 年 3 月中央广播事业局共召开了九次全国广播工作会议，提出了系列广播电视发展战略，形成部分广播电视发展理

1 胡钰：《论马克思主义新闻观的时代内涵》，《思想教育研究》2016 年第 3 期。

念。[1]1980 年 2 月 25 日至 3 月 7 日全国广播事业规划会议在京召开，会议强调广播电视事业面临的基本任务和奋斗目标，鼓励广大新闻工作者努力办好广播，加速发展广播电视事业。

夏青见证并陪伴了新中国广播新闻事业的成长，作为“祖国的声音”，他用声音记录时代，曾播出了一系列重要新闻报道、社论和评论文章等。周恩来总理曾亲自接见他，新中国重要的稿件直接指派夏青播报。20 世纪 50 年代抗美援朝期间，夏青一直负责前线战况的报道，他的声音传遍大江南北，不断鼓舞国内的听众和奋战在前线的志愿军将士，大量听众的来信鼓舞了他，他发誓：“我要努力完成党交给我的播音任务，服务于人民，让真理、正义、和平的声音，传遍全国和世界。”

严肃认真，一丝不苟，是人民广播的优良传统，也是中央人民广播电台的工作作风，这在夏青身上得到了深刻的印证。据葛兰回忆：“1954 年，夏青在第一届全国人大一次会议上宣读《中华人民共和国宪法》时，台下都是领导，包括毛主席也在场，当时他的声音很洪亮，宣读一字不错，引起全场热烈的反响，播完后得到了周恩来总理的赞扬。后来，周恩来总理还亲自交代他进行第一颗原子弹爆炸的播音，并且十分满意他的播音效果。”一直以来，“践行新闻工作党性原则、为人民服务”是夏青奉行的工作准则。

二、广播人学会“自己走路”

1950 年，新中国广播会议提出“要学会自己走路”的目标和理想，广播电台应以发布新闻、传达政令、社会教育及文化娱乐为主，会议还提

1　覃榕、覃信刚：《新中国 70 年广播电视发展理念的演进历程与主要特征》，《中国广播电视学刊》2019 年第 10 期。

出，各地广播电台应在可能条件下对国内外重要新闻进行自己的采访工作，应有自己的新闻与评论。这次会议体现了胡乔木同志多次讲话强调的广播“要学会自己走路”的精神，即要根据自身特点，自力更生办广播，不能成为报纸的“有声版”。这次会议对广播的长远发展产生深远影响，这一时期广播被认为是“群众性宣传教育、鼓舞全国人民艰苦奋斗建设社会主义的重要舆论工具”，面对全国人民和业界对广播的期待，广播事业开始了建设社会主义道路的探索。1955 年 7 月《首都报纸摘要》更名为《新闻和报纸摘要》，夏青和葛兰曾担任该节目的播音员。

据葛兰回忆:“我们一起合作过《新闻和报纸摘要》。虽然我们是夫妻，但是在播音室里必须严肃认真。夏青那时候管字音，每个月贴一张审音表，每人一天一个格，谁要念错一个字、没按照规范读，就要在格子里贴一面黑旗，没有人想拿黑旗。这也无形中起到了督促播音员重视语音规范的作用。”

国内新闻行业随时代和技术的变化而发展创新，新中国成立七十多年后的今天，《新闻和报纸摘要》也在转型中坚守着自己的变与不变。回顾历史，夏青作为节目的首创者之一，树立了广播人“自己走路”的典范。广播人“自己走路”就是要坚持党的领导地位和马克思主义新闻观，按广播规律办广播，全心全意为中国人民和世界人民服务。这种精神一脉相承，也成为广播新闻人践行的准则。

三、在步履不停中凝结“有力”风格

1949 年夏青得了急性关节炎，此后又转为慢性，疼痛几乎每天伴随他，只能靠阿司匹林消炎止痛。据葛兰回忆:“有时他病起来两手肿得很高，全身都是僵硬的，但是凌晨的早班播音从没落下。有时腿疼发作不能走路，他就把绳子绑在自己脚上，拉住绳子艰难往前迈步，一瘸一拐地来到播音室。夏青一直很乐观，从未因病痛而停止工作。”葛兰每次担心时，他总是笑着说：“吃了这么多阿司匹林，我的胃一点问题都没有，可见我的胃是‘铁胃’。”

因为行走，所以精彩。虽然长年被病痛困扰，但是夏青认真对待工作几十年如一日，他纯正、庄重、稳健的声音是业界的标尺，这与他后来刻苦锻炼是分不开的。即使腿部疼痛难忍，夏青也会每日清晨四点准时到播音间开始练声，直播间的方寸之间，充满着他对中国广播事业的热爱与激情。

1963 年，中央电视台的工作人员被分成几拨，参加农村社会主义教育活动，这段时间，夏青和贫下中农同吃同住同劳动，日子虽然艰难，但却有了更多关于播音业务的思考和钻研。他深刻体会到，播音员只有深入了解人民群众，才能更好地为人民服务。对他而言，这段经历更像是一种沉淀，为日后的播音工作奠定了基础。

“脚力”是媒体人“四力”之首，练好“脚力”是媒体人的必修课，这就要求媒体人步伐要快、脚印要深。“脚力”就是深入基础，深入群众，

图 3-4：夏青播《九评》（葛兰提供）

只有脚步走到了，声音才能有温度，深入基层，步履不停，砥砺前行。夏青作为新中国第一代播音员，播音事业的工匠精神在他身上得到了深刻体现，对当代新闻媒体从业者而言，夏青也是值得学习的优秀榜样。

第三节 交一万个朋友，焕发媒体人“眼力”

媒体人需要“眼力”，要有善于观察和明辨是非的能力，要能分辨社会中的各种言论、观点、思想等，发现问题、分清真假、抓住根本。面对纷繁复杂的形势，新闻工作者不仅要仔细观察，还要提高政治鉴别力，把握舆论的正确导向。在国家民情上，要学会透过表面看本质，站在基层群众的立场，为广大人民发声。[1]与人为善的性格让夏青在播音生涯中颇受好评，他有辨析政治的“眼力”、有培养人才的“眼光”、有目光长远的“眼界”，这无疑对当代媒体人具有启发作用，新闻媒体从业者既要有辨别是非黑白的“眼力”，也要有广结善缘的大度心境，与人为善、多结交朋友。

一、“宣读式”播报展现特色

在特殊历史时期，我国刚起步不久的广播事业受到了不小的冲击，这一特殊历史时期对播音创作的风格也有一定的影响。夏青的“宣读式”播

1 杨洋：《新时代下新闻工作者如何增强脚力、眼力、脑力、笔力》，《新闻研究导刊》2020 年第 1 期。

音与齐越的“朗诵式”、林田的“讲解式”和费寄平的“谈话式”播音并称为我国播音史上的“四大高峰”。出于意识形态的需要，宣读式播音成为当时最重要的播音方式，因此，夏青播报了不少那一时期的重要文件，如周恩来同志悼词、毛泽东逝世讣告——《告全党全军全国各族人民书》等。[1]

媒体人的眼力来源于生活，提高眼力必须深入社会、深入生活。夏青在播读政论文章时表现出的“眼力”来源于对党和国家政策的把握了解，对当代媒体从业者而言，必须不断提高思想境界，提高政治理论水平，深入群众，紧密依靠各级党组织的力量。

二、亦师亦友，培养新生力量

随着社会主义广播电视事业的不断发展，20 世纪 60 年代，中央人民广播电台逐渐建立了一支以编、播技术为主体的广电队伍，新闻从业人员的文化结构有了明显改善，对于台里新来的年轻人，夏青尽心尽力培养，并寄予厚望。据葛兰的回忆：“七十年代，台里来了一群年轻人，有的来自兵团，有的是插队知青，有的是念过初中，最多是念过高一、高二，张悦、黎江都在其中。为了帮助他们尽快融入电台，增加他们的知识储备，提升他们的业务能力，夏青主动承担了辅导他们的任务，给他们讲古典文学，教学用的每一本书也都是夏青精挑细选的。那个年代没有打印机，夏青就利用每晚的空余时间刻蜡版，去文书室油印成书后发给这些年轻人，尽管因为关节炎手肿得很严重，他还是坚持每晚重复这样的工作，不停止教学的脚步。在他看来，给这些年轻人上课是一件很开心的事，是他应尽的责任。考试也是由夏青亲自出题，如果有谁考试考得不好或者答不上来、有不理解的知识，他都会认真讲解，有时候对

1 王晓航、古江柳:《浅议播音风格的时代特征》,《新闻世界》2014 年第 6 期。

待学生比对待自己的孩子还要严格，学生们也是发自内心地感激他。”夏青尽心尽力地去培养青年，感觉这既是一件乐事，也是自己应尽的责任，后来不仅是这些青年来听课，其他编辑部的年轻人也过来听课，每每别人来请教问题，夏青也总是引经据典、博古通今地进行解答。

葛兰曾说：“夏青翻遍字典就为了学习标准的字音。”在日积月累的学习中，他成了同事口中的“活字典”以及“字音政府”。大家不确定的读音都来向他请教。“三人行，必有我师焉”，夏青和台里新人的关系亦师亦友，他十分乐于与年轻人相互交流经验，并虚心接受他人的建议，虹云曾说：“夏青老师这辈子没跟谁红过脸，从不计较小事，他非常想得开。年轻的同志、记者编辑给他提建议，他都很乐于接受，人缘特别好。”

图 3-5：1991 年夏青为新疆学习班讲课（葛兰提供）

图 3-6：夏青播音照（葛兰提供）

三、提升修养，日臻完善

据葛兰回忆，夏青在《阅读和欣赏》中的播音也获得了作者的认可，余恕诚为《阅读和欣赏》撰写了十余篇鉴赏稿件，其中两篇稿件正好是夏青播讲的。他说，自己写的这两篇稿件正好表达的是感情的两种极端状态，同时播好很不容易，夏青准确地表达了诗的意境和自己想传达的意思，“他读诗，稿子的轻重快慢、高低抑扬掌握得非常到位，拿得很准，只有真正对诗的意境、情调把握得很准才能做到。一般人的播音达不到这样的境地，必须有修养，才能把意境传达出来”。

葛兰说，谈到对夏青的印象，余恕诚说：“八届政协时在人民大会堂和他见过面，当时夏青坐着轮椅，我介绍我是谁，你读过我的稿件时，他的眼睛闪光了。他的相貌像林庚，很有诗人、学者的气质。”特别是谈到夏青的播音“绝对没有现在很多播音员常犯的读错别字现象”，余恕诚非常赞赏，认为“实在是很难得的，非常了不起”。《阅读和欣赏》被人称为看不见的文学老师，这背后也体现了夏青的文学修养以及业务水平，从这件事情中，夏青播音艺术经久不衰的原因便也可以窥得一二。

夏青作为“难忘的共和国之音”，其身上凝结着新中国第一代播音员的业务水平以及高尚情操，他的声音质朴厚重，他的表达贴切传神，他的感情深沉含蓄，他的叙述娓娓道来，无不令人感到心驰神往、高山仰止，他清俊高迈的人格取向和至大至刚的精神气度，也为当代媒体人树立了楷模与丰碑。“从群众中来，到群众中去”，夏青的播音艺术取之于斯，用之于斯，为民族留下了精神财富，也为人民传承了跨越时空的经典佳作。

图 3-7：夏青在全国政协五届会议上发言
（葛兰提供）

第四节 共和国之音的炼成

夏青的播音成就可以用“高山仰止”来形容，他的播音风格、播音作品留给后人的是无尽的财富。在新闻政论类的播音方面夏青首屈一指，他的声音镌刻在共和国光辉的红墙之上。严谨庄重、稳健大度是夏青鲜明的播音风格，在那个时代夏青可谓达到了播音艺术成就的顶峰。

1954年，夏青在第一届全国人大一次会议上宣读《中华人民共和国宪法》全文声音洪亮有底气，只字未错，郭沫若评价他的播音是“三分文章七分读”；当我国第一朵蘑菇云出现在西北荒漠时，周恩来总理亲自派车让夏青将喜讯传遍大江南北；一代伟人毛泽东同志逝世时，举国悲恸，夏青强压心中的哀思，播送《告全党全军全国各族人民书》时将举国对伟大领袖的哀悼以及化悲痛为力量的情感表达得淋漓尽致。夏青的播音创作逻辑严谨，声情并茂，被国内外听众誉为“祖国的声音”。

深厚的播音功底并非一蹴而就，长年累月的积累让一滴滴汗水汇成了汪洋大海。“嗜书如命”是葛兰对夏青的评价，一日可无饭，但不可一日无书，这是对夏青日常生活的真实写照。古书典籍是夏青的珍宝，淘书是夏青的一大爱好，密密麻麻的读书笔记是夏青刻苦学习的见证。腹有诗书气自华，饱读诗书增长了夏青的人格魅力，上知天文、下知地理吸引了夫人葛兰，这一对播音伉俪在共和国的播音史上留下了浓墨重彩的一笔。

新的时代，新的气象，但其中仍有不变的经典精神，在国家战略传播窗口前，播音员的声音代表着国家形象，是国家意志的表达。新闻工作者肩负着时代的使命，老一辈新闻工作者是如何“讲好中国故事、传播时代声音”，对我们年轻一代的播音后来人有着重要的借鉴意义。夏青作为榜样，为新一代新闻人的职业生涯规划提供了启迪。

一、志同道合结良缘

在播音界，葛兰和夏青的爱情故事，被传为佳话。在采访中，葛兰向我们讲述了她与夏青相识、相知、相恋、相守的故事。

根据葛兰的回忆，她第一次听到夏青播新闻时，就觉得夏青的声音非常好听，句句说得清楚。在新入职的员工欢迎会上见到夏青时，她对夏青的第一印象是腼腆，当时别人一介绍他，他的脸就变红了。葛兰还注意到夏青的眼睛特别有神。

葛兰向我们详细讲述了她与夏青相处的过程：“当时加上我一共有不到 10 个播音员，齐越和肖杰两个男生都有家室，有孩子了，就我们俩还是单身，接触就多了一些。大家在一起开会时，他的发言总是很精彩，能够引经据典。上午空闲时我会去看报纸，他看到我就会给我讲一讲、说一说报纸上的内容。他知识面很广，天文地理都有所涉猎。后来他还买了一本《钢铁是怎样炼成的》送给我，我认真读了这本书，和他探讨了一些对人物的看法，他也会帮助我更深入地理解书的内容。他也擅长写作，他白天播报新闻，晚上给《新闻和报纸摘要》写稿子。当时中央电视台只有三个人是编委，其中就有他。”

葛兰回忆，有一次，她得了重感冒，没有去上班，夏青就去她家里探望她，她还挺出乎意料的。夏青说了一些关心她的话。他当时还拎了包水果。葛兰的母亲觉得夏青人不错，很有礼貌，看中了他。葛兰坦诚地说："当时，我对自己未来的对象或男朋友没有任何设想，因为我之前从来没有交过男朋友，上学的时候也没往这方面想。他很真诚，也很关心照顾我。随着接触增多，感情就逐渐升温了。轮到我上夜班时，尽管他晚上写完稿子时间已经不早了，他还是会拿着小锅到西单给我打馄饨，放到我备稿室的煤球炉子上。我俩也会一块儿看电影，比如一起看过《静静的顿河》，看完一起分析剧情和人物。有时候我也会和他开玩笑，我是在北京长大的，他是东北人，他说话会带点方言，我会学他说话，还帮着他纠正发音。我们没有什么花前月下的浪漫爱情，我们算是日久生情，先是成为很亲密的朋友，之后顺其自然在一起了。认识两年多，我们就结婚，组建家庭了。那个时代的结婚仪式很简单，没有大操大办。"

葛兰说，他们结婚后，不论在思想上还是在业务上，尤其她三年专播少儿节目，夏青都很支持她。夏青也会听她主持的节目，但没有评价过，也不挑毛病，也不太发表意见。为了了解儿童心理，把少儿节目播好，葛兰去了北京师范大学当旁听生，学习儿童心理学、教育学等方面的知识，夏青也特别支持，有时候会问她所学的内容，也会分享自己的看法，这对她的帮助还是挺大的。

二、心甘情愿贤内助

夏青和葛兰结婚后，葛兰承包了大部分的家务活，细心照料夏青的饮食起居。当我们问起葛兰为什么愿意为夏青付出这么多时，她向我们解释："因为他有关节炎，手肿很严重，不能洗衣和做饭，所以这些家务我就一个人承担了，不让他操心家务活。我支持他买书、淘书和看书，我也会经常翻阅他买的这些书，看到他在书上做的笔记，就能得知他对书内容的理解，我也是在向他看齐，向他学习。"

葛兰动情地向我们讲述："为了能够照顾他，我俩尽量同一时间段上班。为了让他早上多睡一会儿，我排了晚班播新闻联播。我上班前会把晚饭提前做好带到办公室吃，收拾好了再叫他起床。因为关节炎，他起床很困难，有时早上起来腿都是僵硬的，他就吃两片止痛药，然后慢慢穿衣服走路去上班，没有代步工具。有一年，我外出工作，没办法照顾他。他关节炎发作，双手肿得严重，全身僵硬，腿疼到不能走路，他就把绳子绑在脚上，拉住绳子艰难往前迈步，一瘸一拐来到播音室，播音前再吃两片止痛片，维持正常播音。夏青一直很乐观坚强，不会把病痛表现出来，从未因病痛耽误过播音工作。后来有人问他，腿不好是怎么上班的，他就和我们说了这情况，我回家以后控制不住自己的情绪，大哭一场，但是他说，他支持我的工作，让我不要自责和担心。"

后来夏青的关节炎恶化，手变成了鸡爪形，拿不了碗筷，葛兰就一直喂夏青吃饭。再后来病情恶化到只能住院治疗，葛兰听说铁路医院有专家就把夏青转到了铁路医院，结果没想到没治好反而还得了其他病。

葛兰对我们讲："1998 年，夏青昏迷了，医院的大夫说他的病情很严重，最好的情况是植物人，我说植物人我也要，只要他有这口气。为了方便吸痰大夫把他的气管切除了，我问大夫能不能不切，不然他将来不能说话了，大夫说必须把气管切除三分之二，痰堵了事态就更严重了。我进行了很久的心理斗争，我不能看着他被痰憋死，我就同意了做气管切除手术。我在重症监护室陪了他三个月，我总觉得虽然他昏迷了，但是他的意识是清醒的。这期间，也有国家领导人来医院看他。李岚清委员和医生说，夏青是国宝，哪怕只有一分希望，也要全力抢救他。三个月后，他就突然醒了，眼珠能动了，也能慢慢把手抬起来了，我告诉了护士，大家奔走相告，主任也来了，说没准是一时的，我说我不信，我觉得他会好转的。在重症监护室里，我有时会给他读诗，读我们俩一起录的音；有时我说他写，我问他我叫什么，他躺在那儿，在本子上写——葛兰，和原来的字体一样；有时有人来看望他，他也会写他们的名字，林如来看他时，他就在本子上写了林如的名字。后来我摔倒了，还挺严重的，就请了一个护理照顾他。那段时间，因为我太着急他的病情，我的嗓子也出现了问题。有时候刚到学校，刚倒上一杯水，一个电话打来说，他快不行了正在抢救，我立马从北四环赶到铁路医院，我看到他浑身都紫了，身体一下就瘫了，说话也说不出来了，这样的情况是经常发生的。我无微不至地照顾他，每天一有空就去医院看他，所以他多活了6年。"

夏青离开人世时，葛兰没有见到他最后一面。葛兰难过地对我们讲："等我到了医院以后，就已经开始抢救，所以我到现在还是非常遗憾和后悔。虽然我做了他要离开的思想准备，但他真正离开的时候，我还是感觉太突然了，完全承受不了这个结果。他离开 15 年了，我只能靠听他的录音翻看他写的东西怀念他。"

葛兰说，夏青住院的时候总说他还有三件事没完成，他很遗憾。葛兰安慰夏青："等你病好了，我们哪儿都可以去。第一个不是教学嘛，咱去！第二个写东西，写！再有一个就是播音，你好了也能播啊！"葛兰说现在她这么拼命工作，也是在帮夏青完成他未完成的事。

葛兰和夏青的情感故事，让人动容。当我们问起葛兰保持婚姻幸福的秘诀，她说，两个人志同道合非常重要，她和夏青都属于干一行爱一行，对待播音工作都是严肃认真，一丝不苟。

三、嗜书如命练本领

葛兰说夏青最突出的一个特点和品质是嗜书如命，她觉得所有的播音员主持人都应该具备这样的特质。

葛兰向我们讲述："最初播音员工资不高，没有多余的钱买新书，他就经常到旧书摊上淘书。他也会去北京琉璃厂淘书，那里有很多古书旧书，他一去就能待半天。他把淘回来的书视为珍宝。有一次，他从收废品的地方淘了《二十四史》，他给书包了书皮，整旧如新。当时我们也买不起书柜，也没有书架，他把之前盛碗摆饭的小桌子擦干净，把书摆在桌子上。他会认真阅读他淘回来的书，有时候会废寝忘食。他涉猎的范围很广，古今中外、天文地理都有所了解。他嗜书如命的习惯，对我也产生了影响，但我一般只读自己感兴趣的。同事从莫斯科带回来的天文读物，他读得非常认真仔细。"

当时播音部的同事都管夏青叫"字音政府"，因为他看的书多，知识丰富，大家有不懂的问题就会问他。他自己发音不太标准，也会很细心地纠正，最后他成了国家文字改革委员会和语音改革委员会的委员。

夏青能把《唐诗三百首》《阅读和欣赏》《九评》这样的节目播好，与他的知识渊博是分不开的。葛兰说有一件事她一直印象深刻。葛兰外出工作那段时间，夏青每天下班回家，就看《左传》《易经》，书上密密麻麻写满了笔记和批注。他还边查字典边把《左传》《易经》翻译了。夏青过世后，葛兰把这两本书拿出来给大家看，让大家翻翻，看看他平时是怎么学习的。这两本书都是繁体竖版的古书，年代久远，纸张很容易破碎，葛兰把它们塑封起来，留作纪念。2014 年夏青的家乡哈尔滨成立了夏青文化艺术馆，葛兰把这两本书捐给了夏青文化艺术馆，她还捐了很多笔记本，横版的、竖版的都有。夏青毛笔字写得也很好，他写的"读万卷书，行万里路，交一万个朋友”现在还挂在家里。

四、中流砥柱大国声

夏青作为“难忘的共和国之音”，在其漫长的播音生涯中，播读了《中华人民共和国宪法》《九评》《告全党全军全国各族人民书》《唐诗三百首》《阅读和欣赏》等一系列经典的作品和节目，这些播音经典作品得到了多位国家领导人的褒扬。

从夏青播读过的《唐诗三百首》《阅读和欣赏》等文学节目中，就可以看出夏青拥有深厚的文学底蕴。在播录《唐诗三百首》时，节目组要求夏青每晚八点半录一首，但他一次能录出好多首。在这两个节目里，他主要负责朗读和讲解，他讲解得非常到位，深受听众喜爱。《唐诗三百首》《阅读和欣赏》是非常珍贵的音频材料，是夏青的精品佳作，出版社出版了这些佳作，葛兰买了很多本送给亲朋好友，他们都认为这些作品很有收藏价值和纪念意义。

当我们问葛兰，夏青是怎么准备一篇大稿的，葛兰告诉我们，夏青很擅长播报新闻，他拿到稿子后，会把注意力全部投入到稿件中，力求把每一篇稿子都吃透。夏青会在稿子上把自己播报的语句画出来，做一些标记，涂掉不需要的内容，他的字方方正正，别人拿到稿子也不会觉得很难辨认。葛兰举例说：“在播《九评》的时候，夏青会认真琢磨自己的发言，让自己的发言做到有理、有据、有节。收到中央要录制《告全党全军全国各族人民书》这个消息时，领导层、编辑部、播音部集中起来开会，当时播音部只派了夏青一个人去开会。这是一件很隆重的事情，不能出任何纰漏，电台把一个月内的所有文艺节目都取消，一切以播报这个新闻为中心。夏青在录制时还是出现了很多状况，他刚录了几句，工人宣传队、军人宣传队，还有台里的一些同事，就说他这里情绪不够，他那句读得不好；他全部录完之后大家还是这不满意，那不满意。这些同志也是出于好意，但他是一个老播音员了，总比二十多岁的兵娃娃对毛主席感情深吧。后来折腾到凌晨一点多才回家，脸色特别不好，我说你还没吃饭吧，快吃点，但他说吃不下。我说录得怎么样了，他就和我说了这件事，我问他录完了通过了吗。他摇头，说大家意见很多，我就跟他说：‘你是个老播音员了，什么没播过，左右摇摆拿不定主意可不行，该怎么播就怎么播。’他下午录了一遍大家不满意就重新录了一遍，整个人都精疲力尽了，结果最后还是用了第一遍的录音。这是一件很隆重的大事，全国的各级电台在下午4点、7点都有预告，播出的时候学校、机关、团体都去听了，没有一个人说他播得不行，他庄严而又悲痛的声音一出来，大家就知道是什么样的消息了。后来他生病了不能写字，我就根据他讲述的内容，写了以《最难忘的一次播音》为题的文章。最后，《告全党全军全国各族人民书》这篇稿子得了一等奖。在这么重要的一件事情上，他心里没有七上八下，镇静地把文章录完了。”

（葛兰口述）

第五节　严谨庄重的播音风格

夏青老师的播音风格严谨庄重、稳健大度。夏青老师这样的播音风格与他的逻辑严谨密切相关。夏青老师在大学时学的是土木建筑工科类专业，这培养了他严谨的逻辑性。要把夏青老师在播报创作中的逻辑放在开放的系统中去考量和研究：既注意文章词句的逻辑，又要把握文章整体的结构；既考虑文章自身的逻辑，又会把文章放在历史和现实生活中的逻辑中去衡量；既把握文稿方面的逻辑，又把握向听众传播的逻辑；既考虑他在播音创作中的逻辑感受，又要看到他逻辑链条中所包含的众多的形象感受……这样才能从整体上抓住他逻辑的特征。

“大家伙儿给夏青老师起了一个绰号，叫‘政府’。这个‘政府’有两层含义，第一层含义是夏青在字词读音方面是权威。夏青老师曾经是国家文改委员会的委员，播音员有不认识的字不用查字典，直接问夏青老师就行，他把字典不知翻了多少遍，每天都在看字典，因此在字词读音上，他就是权威，他在播音时分寸感把握得非常好，换言之，他播音的音调和情感把控得恰到好处。”

夏青老师是我播音事业的启蒙老师。20 世纪 70 年代，夏青老师被下放到河南五七干校进行劳动，他上午喂猪，下午在周口广播局培训播音员。周口广播局把全省 106 个县所有的播音员共 200 人，都集中起来培训。我当时正好在河南省新乡市郊区广播站做一名基层播音员，那是我第一次接触夏青老师。在上课的时候，夏青老师先让每一位学员朗读一段材料。我朗诵的是毛主席的《七律·长征》，我当时不懂朗诵的技巧，只是大喊大叫“金沙水拍云崖暖，大渡桥横铁索寒”。夏青老师说，你声音还是很大、很洪亮的，但是“诗言志”。这是我第一次听说“诗言志”这个词。夏青老师说：“主席写这首诗，他表达的是什么意思呢？金沙水拍云崖暖，说的是红军巧渡金沙江，所以用了一个‘暖’字，表达出红军没有牺牲很多人就取得了战役的胜利。大渡桥横铁索寒，是指在强渡大渡河的时候牺牲了很多同志，那次战役也打得很艰苦，所以主席用了一个‘寒’字。朗诵的时候首先是理解稿件的内容，在理解的基础上要把这些情感表达出来。金沙水拍云崖暖的‘暖’字语调是上扬的，大渡桥横铁索寒的‘寒’字声调是往下的，不能大喊大叫。”夏青老师还做了示范朗诵。

夏青老师的指导给了我很多启发。“从那个时候起，我就明白作为一个播音员，要理解稿件内容，在我们朗诵诗的时候，只有先搞清楚诗的含义，才能确定播音时的语气和基调。播音的高低起伏要根据稿件的含义来确定，而不是随意地大喊大叫。在培训班上我认真学习，后来有机会在一个县里的照相馆单独和夏青老师合影，七十年代的时候我们穿得都很土，照片我到现在还留着。我和夏青老师结下了深情厚谊，为什么呢？因为他说在培训班里放了‘两颗卫星’，‘两颗卫星’是夏青老师认为播得很好的学员。夏青老师回到北京之后，也和葛兰老师说了我们的情况，葛兰老师就给我们寄来了明信片，这是我第一次见明信片，七十年代的时候贺卡是相当珍贵的。”

夏青老师还教导青年播音员读文章时，要“三读”。即首先粗读一遍，掌握文章的全貌，不建议一个字一个字地去查字典，这样会陷进去。第二遍是细读一遍，查找自己不认识的字音，把握句子之间的关系。最后一定要再粗读一遍，总体上把握，这样稿子就不会碎，入而不陷，也就是掌握分寸和逻辑。这些都是夏青老师在上课时亲自传授给青年播音员的播音经验。

我在中央人民广播电台实习时，夏青老师和葛兰老师带我。葛兰老师给我取播音名：“当时中央台播音部分为两个组，我在葛兰老师的组里，葛兰老师在排班的时候说要给我取一个播音名，她问我原来在河南台的播音名叫什么，我说叫姚山，她就说重新给我起一个，我说行，她问我姥爷姓什么，我说我姥爷姓毕。葛兰老师就说你叫‘毕青’得了，把夏青给‘毕’了，我说可不敢开玩笑。我就说我到中央台相当于重新开始学习，尽管我是广院本科毕业，又考上了研究生，但是在中央人民广播电台的播音工作等于是踏上了新的征程，葛兰老师就说那你就叫‘姚征’吧，‘姚征’这个播音名我在中央人民广播电台用了有四个月。”

夏青老师播《告全党全军全国各族人民书》是一个很好的例子。1976年9月，得知毛主席逝世的消息后，举国上下一片哀恸。当时我还在河南新乡市郊区广播站工作，我们也接到下午四点钟将要播出《告全党全军全国各族人民书》的消息，知道毛主席逝世了，我们的眼泪止不住地往下流，也顾不上播音了，就等着中央台的播音。夏青老师是下午三点钟拿到稿子的，四点钟就要播出去。他非常悲痛，但是他分寸感把握得非常好。夏青老师后来对我说：“主席去世我也很悲痛，但是我要是哭得一塌糊涂，就完成不了播音的任务。我当时想，毛主席是我们全党全国人民爱戴的伟大领袖和导师，也是中华民族优秀的儿子。我代表中国共产党评价他的领袖的一生，我现在代表共和国评价他优秀儿子的一生。我要化悲痛为力量，毛主席虽然去世了，但是共产党还在，共和国还在。天安门广场下半旗志哀，红旗没有落地。我相信中华民族、中国共产党一定会继承领袖的遗志，把他开创的事业进行下去。中华民族、中华人民共和国仍然巍然屹立在世界的东方。”夏青老师播“我党我军我国各族人民的伟大领袖和导师”时，声音是坚定的，不是低沉的，可以看出他的情感和音调把控得非常到位。

我在中央人民广播电台播日本政府修改教科书的新闻时，夏青老师指导我，要掌握好分寸感。“在那篇报道里，日本文部省把教科书中‘侵略中国’改成了‘进入中国’，中国政府照会了日本驻华使馆。我拿到这篇稿子的时候非常气愤，就用很强的声音播音了这则新闻。夏青老师听了我的播音，他和我说，日本文部省修改教科书只是我国外交事务中的一件事情，中国是一个大国，中国政府在每天的国际事务中，不仅要处理和日本文部省的关系，还要处理和中日友好协会的关系，不仅要处理和日本政府的关系，还要处理和美国、苏联、欧洲的关系。在播音的时候，对日本点到为止即可，不是一头就扎进去跟他们拼命了。这则新闻只要把‘照会’两个字上扬加强突显出来就行了，其他的地方都放下来摆事实讲道理地说。他还给我做了播音示范，表达出日本文部省不能这样做，表现出了我们国家的大国风范。播音员要掌握分寸，要有大将风度，这是夏青老师教给我的。”

夏青老师在播短的稿子时也会进行深入的思考。夏青老师曾经说过，有些稿子虽然只有简短的一句话，但是它的含义很深刻，即“一句话带来沉甸甸的历史”。在播宋庆龄逝世的消息时，中央电台播音员先播了一句“民主主义、爱国主义、国际主义、共产主义的伟大战士宋庆龄同志永垂不朽”。有一个播音员一看是去世的消息，播报的时候就采用了低沉的调子。夏青老师就说，看问题要辩证地看，要深入思考。这简短的一句话概括了宋庆龄的一生，最开始她是民主主义的战士，后来是爱国主义的战士，再后来是国际主义的战士，最后她在重病的时候提出加入中国共产党，成为共产主义的战士。这是层层递进的关系。在播报这句话时，虽然心情是沉痛的，但是不能都用低沉的调子，应该有力量，该扬的时候也要扬起来，“民主主义、爱国主义、国际主义、共产主义的伟大战士”，应该一句比一句高，体现出宋庆龄一生的人生轨迹。播到“宋庆龄同志”时，应该放下语调，用沉痛的感情表达，“永垂不朽”这四个字应该再抬起来，加重力量，以显示出化悲痛为力量的感情。为哀乐起作导引和铺垫，“哀乐起”。

由此，我们能看出夏青老师之所以能够在播音创作上取得如此大的成就，与他深入思考问题的能力、严谨的逻辑性、对播音音调和情感的良好把控是分不开的。

（姚喜双口述）

第四章

口述葛兰——刚柔并济的播音主持创作风格

葛兰

（1933 年生）

新中国第一代女播音员，中央人民广播电台播音指导。

葛兰，本名王静蓉，1933 年出生，北京人。1951 年开始担任中央人民广播电台播音员、主持人。1991 年离休。1999 年至今担任中华女子学院播音与主持艺术专业教授、学科带头人。

代表性节目有《记录新闻》《新闻和报纸摘要》《对少年儿童广播》等。曾被评为全国十佳播音员，荣获特殊贡献奖，荣获中华女子学院优秀共产党员荣誉证书，荣获全国妇联机关优秀共产党员称号，荣获“庆祝中华人民共和国成立 70 周年”纪念章。

1949年是新中国广播事业的开端，同年北京新华广播电台正式定名为中央人民广播电台（China National Radio，简称CNR），成为中华人民共和国的国家广播电台，并开启了一个广播事业大发展的时代。人们在历史中能看到“逐步修复、改造陈旧设备，增强发射功率、改进收听效果；增加收听工具，发展农村有线广播”的技术发展历程[1]，以及“从发布新闻和传达政令、社会教育、文化娱乐的三大任务，到建设社会主义物质文明、精神文明最强大的现代化工具以及党和政府联系群众的最有效工具之一”的政策变迁[2]。而作为新中国第一代女播音员的葛兰，在70年漫长的职业生涯中，亲历了中国广播事业的起步、建设、改革的各个阶段。她为中国广播事业的发展倾注了大量心血，被听众称为“镌刻在共和国播音史上的声音”。在梳理葛兰7万多字的口述史材料时，宏大的技术发展史与政策变迁史变成了可感可触、充满细节与纹理的时代缩影。个人职业生涯与大时代的交织碰撞比大历史更具体、更生动，也更吸引人，更能让人理解那个时代和社会背景下，灌注于新闻人内心的信仰与理念。

第一节 置身新中国广播事业的发展历程

葛兰于1951年入职中央人民广播电台开启播音生涯，于1999年结束一线播音工作并投身播音主持教育事业至今。回溯葛兰70年的工作历

1 欧阳宏生:《广播电视学导论》，四川大学出版社，2007年，第27–28页。

2 李岩:《广播学导论》，浙江大学出版社，2005年，第54–55页。

图 4-1：初入职中央台的葛兰（葛兰提供）

程，在广电事业发展的起步期，她加入浩荡的人才队伍，为广电事业的建设而奋斗；在广电事业发展的探索期，她积极服从组织安排，不辞辛劳，承担大任，不负党和国家的信任与重托；改革开放后，葛兰积极转变播音风格，创新节目样态，顺应广电转型发展的要求；在广电事业繁荣的当代，她退而不休，投身于播音主持教育，反哺行业，培养了一大批优秀的广电人才。共和国造就了葛兰，葛兰也将自己的一生毫无保留地奉献给了共和国的广电事业，亲历了它从艰难曲折走向繁荣发展的全过程。

一、在广播事业发展的起步期

1949 年 3 月 5 日，毛泽东在《在中国共产党第七届中央委员会第二次全体会议上的报告》指出："通讯社、报纸、广播电台的工作，都是围绕着生产建设这一个中心并为这个中心工作服务的。"[1] 广播成了及时发号

1　覃榕、覃信刚：《新中国 70 年广播电视发展理念的演进历程与主要特征》，《中国广播电视学刊》2019 年第 10 期。

图 4-2：1952 年葛兰播《记录新闻》（葛兰提供）

施令、传递党的方针政策、密切联系群众的重要媒介工具。1950 年，中央人民政府新闻总署公布了《关于建立广播收音网的决定》，文件要求各地需积极推进党领导的广播事业的建设。此后，中央人民广播电台（以下简称中央台）为助推广电事业的发展，面向全国选拔招聘播音员来充盈人才队伍，葛兰顺利通过了笔试和面试，成为中央台的第一代播音员之一。

据葛兰回忆："当时，中央台的工作环境很艰苦，技术、设备、人员上都有很大的缺口。刚开始，我负责播音《记录新闻》，承担了向全国传播党和政府的各项号令、政策的任务。当时工作量比较大，比如晚上 9 点上班，10 点 55 分开始播音，播到第二天天亮，不能有丝毫疏忽，否则就会出错，所以全程要严肃认真，一丝不苟，这是延安精神传递下来的。但我从没觉得有多苦，既然做了这个工作，就要尽职尽责，特别是抗美援朝前线有人来信鼓舞我、鼓励我时，我内心十分激动。"

图 4-3：葛兰（中）在城子煤矿（葛兰提供）

1962 年 12 月，周恩来总理听取广播事业局党组汇报时强调“广播是党的喉舌”，进一步肯定了广播对于开展政治思想宣传的重要性。

葛兰回忆，在这期间，她多次感受到来自党和领导人的信任与关怀。“1963 年，全国妇联在人民大会堂召开各界妇女大会，我得到大会主席邓颖超同志的信任，应她的要求在会上宣读《全国妇联致国际妇联一封信》，代表中国向国际发声。1963 年 3 月 11 日，周恩来总理在人民大会堂宴请中央人民广播电台的优秀工作者代表。会上，我感受到周总理亲切的关怀。当时心想，作为一个党的宣传员、党的喉舌，更应该在播音阵地上全心全意好好工作。”

二、在广播事业发展的曲折期

1966年，新闻界形成了“千报一面”“千台同声”的局面。1967年1月，中央人民广播电台原本一批十分具有特色的广播节目因故停止播出，许多电台长期不能使用。面对被破坏的媒介生态、趋向单一的内容形式，长期以来塑造的朴实、亲切的播音风格也变成了声嘶力竭的大喊大叫，形成了“高平空、冷僵远”的“播音八股”。

据葛兰回忆：“由于时代的特殊性，那种平平静静的播音，人家听着不行，觉得与时代不符合，所以就经常打电话来质问，强烈要求我们转变播音风格，必须要高声调播音，边播边喊。那时候稿子长且内容空洞，一播就几万字。”

三、在广播事业发展改革期

1980年10月，第十次全国广播工作会议强调广播电视宣传的中心任务是为经济建设、为实现四个现代化服务[1]，广播事业发展重获生机。1983年3月，第十一次全国广播电视工作会议在北京举行，会议探讨了广电事业的改革问题，并确定了“以宣传工作为中心，以新闻改革为突破口”的广电改革方针[2]，力求在改革中调整、提高、整顿和发展广电事业。

据葛兰回忆：“1980年以后，广电事业开始进行改革。那时候大家感觉到咱们现在得转变播音风格，要克服‘高平空、冷僵远’这六个字，播音要开始降调，要亲切自然、悦耳动听，拉近与听众之间的距离。后来

1 周小普、王冲、马琪：《新时期中国广播电视业改革与发展30年》，《新闻学论集》（第21辑），2008年，第31–48页。

2 葛娴：《以宣传为中心改革广播电视——记第十一次全国广播电视工作会议》，《新闻战线》1983年第5期。

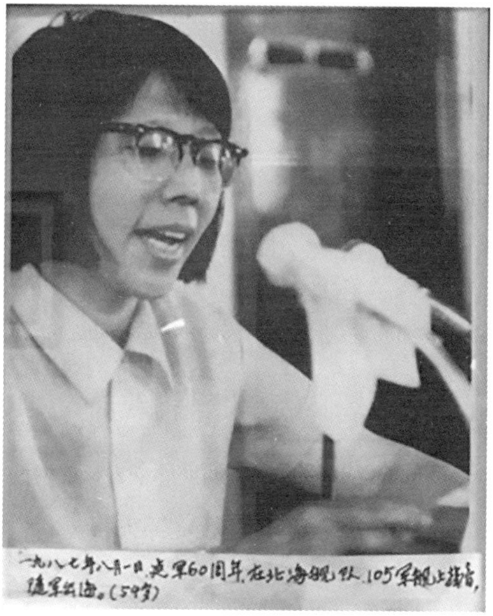

图 4-4：1987 年葛兰在国产第一艘 105 军舰上播音（葛兰提供）

到八十年代初，在节目形式上又开始创新，主持人节目开始出现。我于 1981 年主持了第一档访谈类专题节目《理论信箱》，当时总结了一些转型做主持人的经验。在 1983 年参加全国广播理论节目交流会时，我还在会上进行了题为《真听、真问、真交流——访问对话的点滴体会》的发言。”

随着广电事业改革逐渐深入，发展逐年繁荣，对播音主持人才的需求和要求也日益提升。大量的工作岗位需要高校为其输送人才，播音主持教育事业亟待发展[1]。葛兰于 1985 年应中央人民广播电台委托，开始在全国播音员培训班授课，播音教育生涯由此开启。1988 年，葛兰被评为中央人民广播电台播音指导。1999 年，葛兰结束了在中央人民广播电台的返聘工作，离开话筒，为自己 48 年的播音生涯画上了句号。而与此同时，离开工作岗位的葛兰并没有停止对国家播音事业的贡献，她继续在高校、论坛、节

1 栾洪金：《我国播音主持专业教育现状思考》，《当代传播》2008 年第 4 期。

目里向后辈讲授播音知识，传承新闻人的理想与信念。据葛兰回忆：“我在 1999 年离开央广后，中华女子学院希望我在艺术系开办一个播音专业。因为是我的母校，我很快就同意了。从 1999 年开始到现在，在这 22 年当中，我又换了一个新的领域——播音教学。除了具备实践经验之外，我还得全面了解学校，在各方面我都很用心。教学大纲我亲手写了 3 万多字，除了开设公共基础课，还有古典文学、现当代文学、外国文学、文艺理论、逻辑学等课程。而且，我请的都是北京广播学院和中央台顶级的老师，所以那时候教学质量好也是公认的。此外，我还给学生提供实习的机会，有的安排进中央台实习，还有的进北京台实习，也输送了不少专业人才。而且，我实施的是跟踪教学，一些学生都进台里工作了，我还时常关注他们，一发现有哪些专业上的欠缺，我就及时给他们指正。”

如今，89 岁的葛兰依然从事着播音主持教育工作，在教学一线发挥着光和热，为全国播音主持工作岗位输送优秀人才，助力中国广播电视事业的发展与繁荣。

第二节 亲历中国广播的传播理念变革

“作为广播电视节目的基本载体和结构模式，广播电视节目形态不仅承载着广播电视节目的内容，而且凝结着广播电视对传播的理念追求。”[1]

1　申启武、王灿：《新中国成立 70 年来广播电视新闻节目形态演变与发展的理论思考》，《编辑之友》2019 年第 9 期。

在葛兰口述中，她的职业生涯从新闻主播到儿童节目主持人，再到新闻谈话类节目主持人，不同的栏目、不同的播报方式和不同的节目样态折射了时代变革与社会变迁对广播媒体的不同要求，同时也反映了中国广播在传播理念上的历次转变。

一、基于报刊的播报理念

在葛兰的口述中，中国广播的传播理念起源于对报刊的替代和补充。1951 年葛兰开始播报《记录新闻》。由于交通不便，很多政策、消息在《人民日报》刊登发行一周后才能在其他省份见报，所以当时最快的通信工具就是《记录新闻》。这档节目被称为“可供记录的广播新闻”，它的出现极大扩展了新闻传播的覆盖面，使党和政府的号令、方针政策得以被全国人民所知晓。葛兰回忆：“我们在播的时候，各地方报馆的抄收员实时抄收，按照次序马上出报，报纸刊登的内容跟我们播音内容要完全一致。因此，播音员必须严肃认真，工作中要全神贯注，播的时候要求 1 分钟 25 个字，长句子念 3 遍，短句子读 2 遍。对于易混淆的字词要解释清楚，标点符号也要读清楚，坚决不能出差错。所以播报《记录新闻》这个工作，我原来不懂，就知道别出错，后来从工作当中认识工作，才知道我们岗位责任的重大。”

在此阶段，葛兰所说的“不出错”就是广播播报理念的最大特点。广播作为以声音为载体的媒介，在时效性与覆盖范围上有着与生俱来的优势，其重要性不容小觑，彼时的广播并非媒介内容生产的“主阵地”，依附报刊、减少播报过程中的错误与偏差成为广播传播理念的关注核心，进而影响至今。

图 4-5：1953 年，葛兰直播少儿节目（葛兰提供）

二、基于听众的服务理念

广播儿童节目开启了基于听众的服务理念。1951 年，在中央“开展好新中国下一代教育工作”的指示下，中央人民广播电台开始尝试开办少儿节目，以便提升少年儿童知识水平，培养少年儿童艺术兴趣。其中，《对少年儿童广播》1951 年开播；《少年儿童广播体操》1954 年开播；《小喇叭》1956 年开播；《寒暑假中连续播讲文学故事》1957 年开播。此时，广播在完成上情下达的宣传工作的同时，也开始兼顾教育与娱乐的社会服务职能。

葛兰在 1953 年开始参与《对少年儿童广播》节目的播音工作。节目作为新中国最早开播的少儿广播节目，它以 10~14 岁的少年儿童为传播对象。具体播音内容有《星星火炬》《科学广播杂志》《少年科学家》和

《儿童文学》，以及音乐、戏剧等[1]。葛兰回忆："当时，齐越组长说我声音甜美，可塑性强，便推荐我去少儿部主播《对少年儿童广播》。在这期间，我主要是负责转播一些面向少年儿童的文艺节目。因技术设备的限制，要在剧场进行实时转播。《对少年儿童广播》可以说是我国少儿节目发展的一个雏形，也为后来《小喇叭》等一批优秀少儿节目的创办和发展奠定了基础。"与此同时，为不同听众打造不同的节目内容，塑造不同的节目风格，以及安排特定的播出时间，成为当时广播服务理念的重要体现。

三、基于内容的品牌理念

中国广播节目的品牌理念最早可以追溯到中央人民广播电台的《新闻和报纸摘要》节目，其前身为1950年4月10日开办的《首都报纸摘要》，1955年7月更名为《新闻和报纸摘要》并沿用至今[2]。该节目是我国历史最长、收听率最高、影响最大的广播节目，曾多次受到中央领导的肯定表扬，并广受人民群众的赞赏喜爱，在新闻界极具权威与感召力[3]。葛兰从1956年就开始担任《新闻和报纸摘要》的主播，直至1991年离休。这档节目每天6:30播出，主要内容是播送昨夜今晨国内外要闻和国内各大报刊的言论。在葛兰的回忆中："以前播新闻都是手稿，读起来没有现在电子稿件清晰。而且节目中紧急插稿的情况特别多，所以节目中非常考验基本功。有时想想这个节目发展这么多年，之所以长盛不衰，一方面是能始终坚持党性原则，引导社会舆论，突显新闻重要性、显著性；另一方面是充分关注人民群众需求，关注群众切身利益，联系群众身边实际，

1 郑佳：《广播——对少年儿童进行教育的良好工具》，《新闻战线》1959年第8期。

2 诸雄潮、郑宇飞：《央广〈新闻和报纸摘要〉节目40年之流变》，《中国广播》2018年第9期。

3 梁艳、仇东方：《新闻节目要回归和坚持新闻规律——〈新闻和报纸摘要〉对新闻节目的启示》，《中国广播电视学刊》2007年第1期。

反映人民呼声。在这个节目播了35年，我觉得很光荣、骄傲，因为我们作为党的喉舌，党的宣传员，始终传递的是党中央的声音。”作为一档坚持七十年依然在不断创新发展的节目，《新闻和报纸摘要》可以说是中国广播事业中节目品牌建设理念的鼻祖。70年精益求精、70年锐意进取，高质量的新闻内容使得《新闻和报纸摘要》节目至今收听率依然名列各类广播节目榜首。2018年，《新闻和报纸摘要》节目进入融媒体发展阶段，将内容来源从平面媒体单纯的“报纸摘要”扩展到“两微一端”，老品牌依然在延续，并且焕发出新的生机。

四、基于时代的创新理念

《理论信箱》是葛兰职业生涯中最具挑战和创新的节目，在这档栏目中她完成了从播音员到主持人的角色转变。改革开放初期，全国广播主持人节目蓬勃发展，这是改革深入、技术进步所产生的必然趋势[1]。葛兰回忆：“1978年以后，主持人节目开始从广东兴起，直至席卷全国。中央台也开始跟进，主持人节目一改往常一字不能错的特点，转而变得灵活多样。”在改革的时代之风的推动下，中央台的《理论信箱》作为一档理论性节目，一改理论节目传统说教的风格，以更为亲切的主持人访谈模式播出，极大地拉近了与听众之间的距离。葛兰从1981年开始主持《理论信箱》节目，“由于节目形式的转变顺应了改革发展，所以赢得了广大听众的喜爱，但这也对主持人提出了新的要求。记得有一次，我采访党校的校长。原本他讲什么，我怎么问，都事先沟通好了。等正式采访时，他说：‘葛兰同志，咱们今天别按照那个稿子说了，咱们就一块儿聊一聊吧。’这一变，我心里没谱了。节目中，我得和他交流，边听边代表听众

1 丛林：《主持人节目的兴起与领导者观念的转变》，《中国广播电视学刊》1992年第6期。

图 4-6：葛兰录音照（葛兰提供）

提出问题，还要总结他的发言，思维必须十分敏捷。所以这场访谈对我来说是一次挑战。后来我马上进行经验总结，还写了一篇文章《真听、真问、真交流——访问对话的点滴体会》”。在葛兰看来，时代在发展、节目在创新，但是“真”是永恒的，这种“真”不是“让你去念稿子，而是你在交流中，真的听，真的想，真的代表观众在问，真的用心才能保证节目质量，才能对得起听众”。

第三节 彰显新闻人原则的坚守

葛兰是“庆祝中华人民共和国成立70周年”纪念章的获得者，是伴随中国广播事业成长的新中国第一代播音员，她的成就值得我们去敬佩和仰望，而她的经验则更值得我们去探讨和借鉴。

一、个人能力中践行“四力”

习近平总书记在2018年全国宣传思想工作会议上强调指出，宣传思想干部要不断增强脚力、眼力、脑力、笔力[1]。脚力就是自觉践行群众路线，努力深入基层、深入生活、深入群众，积极主动在基层一线深入调研、深入采访的能力；眼力是面对纷繁复杂的情况时对问题的发现力、辨别力、判断力，是自觉以习近平新时代中国特色社会主义思想为指导，对意识形态领域的各种言论、观点、思潮、思想、情况等进行准确、快速地辨识和鉴别，善于发现问题、明辨是非、捕捉亮点、抓住根本的能力；脑力是在工作、学习和生活中愿思考、勤思考、能思考并做出准确分析、判断的能力，是自觉加强马克思主义理论学习，自觉担负起新形势下宣传思想工作的使命任务，自觉把党和国家的路线、方针、政策和本地区、本部门、本单位的实际相结合，自觉开展实践创新、理论创新的能力；笔力就是写得好、说得好、唱得好、演得好，创作出人民群众喜欢看、喜欢听并且深受教育、鼓舞的好作品的能力。

1 中共中央宣传部:《习近平新时代中国特色社会主义思想学习纲要》。学习出版社，人民出版社，2019年，第139页。

葛兰理论与实践结合的工作方式夯实了她的“脚力”。她在主持少儿节目期间曾前往北京师范大学旁听儿童心理学和教育学相关的课程。在主持新闻评论类节目期间，曾参加广播电视大学理论课的学习培训。除了理论学习之外，她经常深入实际生活积累实践经验，并且善于将实践中所获得的经验融入播音中，因此她在广播节目中更能与听众取得紧密的联系，获得大众的认可和喜爱。其理论结合实践的工作方法正好与习近平总书记提出的“脚力”相符合。葛兰扎实的基本功与文学理论素养成就了她的“眼力”。她能够在播音时快速进行创作，发现关键点，从而以适当的基调与节奏进行播报。1981 年葛兰开始主持中央台《理论信箱》栏目，由于改革开放后节目形式和内容都发生了重大的变化，节目录制过程中更加注重主持人的特点与交谈方式，这对一直做播音员的葛兰来说无疑是一个巨大的考验。在此背景下，葛兰依照实践经验进行思考总结，最终完成了《真听、真问、真交流——访问对话的点滴体会》。评论节目中面对时代发展与变革的思想体现了葛兰的“脑力”。葛兰自进入中央人民广播电台工作以来，始终以一丝不苟的态度对待每一次播音工作，播送《记录新闻》的经历也使她的播音基本功得到了很大的提升，并习惯于“在话筒前保持高度的使命感和责任感”。正是因为拥有这样的工作态度与工作作风，葛兰的“笔力”不断提升，最终成为“镌刻在新中国历史上且家喻户晓的声音”。当前融媒体时代背景下，对播音员主持人来说，“脚力”不仅仅意味着深入基层接地气，还要了解网上“民声”、掌握网络舆情，而“笔力”也不仅仅只是妙笔生花，还要不断尝试探索新时代的网络受众喜闻乐见的新样态、新形式、新内容[1]。

1　新华社:《中国记协号召全国新闻工作者增强脚力眼力脑力笔力》,《人民日报》，2019 年 1 月 17 日。

二、内容创作中实现“三有”

在葛兰看来，“作为一名播音员，要明确自己是党的宣传工作者，做好这项工作就要吃透两头，一头是对党中央的宣传方针政策要清楚，另一头是对基层贯彻党的方针政策情况要了解”。作为党的新闻工作者，需要始终践行马克思主义新闻观，体现党的意志、反映党的主张，维护党中央权威和党的团结，坚定不移传播党中央声音，以正确的舆论引导人民、服务人民，而这恰是当下内容创作“三有”原则所强调的，要求广大新闻舆论工作者坚持百姓情怀、人民本色，努力推出有思想、有温度、有品质的作品，以达“润物细无声”之效。

三、始终持有社会责任感与家国情怀

播音主持专业是公众人物的摇篮，他们的言谈举止以及对各类社会事物的看法、态度都极大影响着节目内容的质量，身份的特殊性更使得他们的只字片语极易传播扩散出去从而造成广泛的社会影响。播音主持在信息传播中的地位不可小觑，因此相关从业者更应当具备能够匹配从事工作的社会责任感、道德修养和家国情怀，才能塑造良好形象，成为广大受众精神家园的守望者和社会价值的风向标。纵观葛兰的播音岁月，她始终严格要求自己，以服务人民、服务国家为己任，深厚的社会责任感和家国情怀成了她不断前行的潜在动力，也成了她荣誉等身的奠基石。在播音主持事业不断发展的今日，这种蕴含于内心的崇高信念更应为人所重视。

回顾中国广播的发展史，葛兰所代表的远不只是那个时代中国人心中的“中国声音”，她的口述更多的聚焦在新闻人理念的不断调适与共进共演，言语中所呈现的是时代赋予新闻人的责任与使命，而付诸实践的是对于个人能力的“四有”锤炼和对于播音创作道路中的“三有”坚持。

第四节 中国播坛的“常青树”

葛兰的声音曾经传遍大江南北，伴随了中国几代人的成长。从1951年至今，她在播音的舞台上奋战了70年，作为中央人民广播电台的优秀代表，无论是她的新闻作品、评论作品，还是她的文艺作品，包括她播读的《阅读和欣赏》节目都堪称经典。她的理想与信念始终在不断践行与发展着。一方面，她昂扬、运动、流畅的播音风格引领了中央人民广播电台的一代又一代广播人，另一方面，她拥有着过人的毅力以及过硬的专业本领，积极为中国播音教育事业做贡献。如今，葛兰已年近90岁，但她依然是中国播坛的“常青树”。

中国传媒大学姚喜双教授曾师从葛兰，在追随、学习葛兰的过程中，葛兰对于专业的执着给他留下深刻的印象。他认为葛兰之所以能成为中国播音界的标杆人物，这和她一丝不苟的态度、对专业刻苦的钻研密不可分。首先，葛兰很重视语言基本功的训练，她每次上节目时，一定要提前把声音练好。为了改进发声，她暗下苦功，时常用嚼硬烧饼的方式来练习口腔咬字的力度。其次，葛兰应对各种突发状况的能力非常强，面对各种各样的急稿和要件，她都播报自如。再者，葛兰对稿件有一种真切的感受力以及独特的领悟力。她每天都坚持读书，能将理论与实践紧密结合，在播音中赋予她的生活经历和内心的真情实感，在理解稿件时能比旁人更为深入。

如今，在中国广播电视事业不断蓬勃发展的历史背景下，在新技术和新需求快速更迭的时代浪潮中，葛兰这种对于专业的执着与热爱以及她在职业发展中对于人生信念的坚守是每一位当代广播人所应该具有的。

一、结缘播音，钻研工作

葛兰是新中国第一代女播音员，在70年的播音生涯当中形成了独树一帜、刚柔得体的播音风格，有20余年的播音教学经验，培养了一大批优秀的播音人才，是中国播音界的骄傲，也是所有年轻播音员学习的榜样和标杆。

葛兰说她是因为偶然的机遇才与播音工作结缘。当初，她是想成为一名医生，因为她的祖父是一名医生。就在她要备考医学院的时候，一位同学告诉她《人民日报》刊登了中央人民广播电台面向全国招收播音员、记者、编辑以及机务人员的消息。可能因为她有被学校选中去北京怀仁堂给亚洲妇女代表大会念献词的经历，大家都觉得她的声音甜美、清澈，很适合播音工作。葛兰也觉得是个机会，就报名参加了考试。结果幸运地通过了考试，留在了中央人民广播电台工作。

在我们看来，葛兰在亚洲妇女代表大会上念献词，给她的播音生涯拉开了序幕，奠定了一个良好的基础。在采访中，葛兰给我们讲了当时的具体情形："1949年11月，亚洲妇女大会在中南海怀仁堂召开，会议筹备期间，妇联要求学校选出一名学生向大会献词。妇联的领导来学校确定人选，她们让我念稿子，听完后，说我的声音很好听，口齿也很清晰，气质也很好，就选了我去大会读献词。那是我第一次上台发言，也

图 4-7：16 岁的葛兰（右）在中南海怀仁堂献辞，图左为第五届全国人大常委会副委员长（葛兰提供）

是第一次参加国际会议，下面坐的都是世界各地的来宾。我当时又激动，又紧张。记得当时读完献词后，我还受到时任国际妇联主席的法国的瓦扬·古久里夫人的青睐。”

葛兰是 1951 年 7 月份入职中央台的，刚开始主要负责播《记录新闻》。当时国家处在三年建设恢复时期，需要播音员把党和国家的号令、方针政策以及一些重要的消息向全国各地、各行各业进行传播。受限于交通不便、通信技术落后等因素，《人民日报》刊登的内容一周之后才能在地方见报。当时最快的通信工具就是《记录新闻》。《记录新闻》在新中国的发展建设中发挥了重要的作用。

葛兰回忆："那时候工作非常严格，一个字都不能出错。我们播音的时候都是一个人播，一个人在监听室监听，如果播音员出现错误，监听员就得赶快跑过去告诉他，哪段哪行第几个字有错误需要更正一下。所以两个人都是一丝不苟、全神贯注，听的人更需要全神贯注，如果有一个细节出了错，就会给抄报人员造成误解，带来工作上的麻烦。《记录新闻》的工作量是相当大的，上午播 4 小时，晚上播 6 小时。比如晚上 9 点钟上班，晚上 10 点 55 分开始播音，一播就是一宿，播到第二天天亮。即便工作时间很长，任务繁重，那也丝毫不能懈怠。我没觉得苦，我就觉得既然做这个工作了就要把它做好，我也知道这份工作的重要性，也有很多听众来信鼓舞我，说我口齿清晰便于他们的抄录工作。我也养成了一个习惯，在话筒前永远要保持高度的责任感、使命感。此外，《记录新闻》的播音工作很好地锻炼了我的专业基本功，特别是气息的运用。后来在播其他节目时，我都没有喘气声，声音很均匀，换气也换得很好。我觉得播《记录新闻》给我打下一个好的基础，这对我一生的播音也是大有裨益的。”从葛兰的讲述中，我们可以看出《记录新闻》的播报工作需要高度的严谨性和精确性。

葛兰说，正是《记录新闻》的工作让她开始真正喜欢上了播音。抗美援朝时期，葛兰播《记录新闻》还没几天，朝鲜前线抄收员就来信了，信上说："这位新加入的战友葛兰同志声音洪亮、口齿清楚，播报的内容鼓励人心。”葛兰说，抄收员在枪林弹雨、炮声隆隆的抗美援朝前线认真抄录新闻并把消息印成小报再传到各个战壕里的情景，让她意识到播音员岗位的重要性以及责任的重大。

新中国成立初期，还没有学校开设播音专业，也没有专门的播音老师。当我们问起葛兰是如何练习发声的，她回答说："那个年代也没有老师可以拜，更没有什么前例可循。有的也只是学了一点苏联的经验。平时工作中的稿子，大家就在一起分析讨论该怎么读，怎么把握情感的分寸。播音的同志围坐在一起，拿着自己的稿子试读，然后大家一起分析讨论该怎么读，怎样把握情感的分寸，互相指正，共同研究。”

后来，葛兰从《记录新闻》节目转到了《对少年儿童广播》节目。在采访中，葛兰给我们讲述了她转节目的原因和一些细节："1953 年台里成立了少儿部，少儿节目主要面向对少年儿童广播。当时，齐越老师给了我一篇稿子，让我试播。这篇稿子写的是邱少云的故事，全文大概有五六千字。那时候没有录音设备，播了三十分钟，都是直播。这篇稿子让我十分感动，我按照自己的理解来播，播的过程中也非常投入。播完这篇稿子以后，台里的领导就认可了我，说我有培养空间，播音中感情运用得很到位，就让我去播少儿节目了，如果《记录新闻》缺人手时，我再回去替补一下。就这样，我播了3年的少儿节目。”

后来“文革”期间，葛兰参与了一些重要作品的播报，比如说《巴黎公社100周年》，篇幅1.8万字，《纪念建国35周年》，篇幅3.5万字。虽然要求播音员要大声喊口号，但葛兰说她倒也没有用嗓子喊，还是用正常的声音播音。在这期间，葛兰也停止过播音，但还是要求每天凌晨3点30分到班，到了以后也没有什么工作，她就坐在那里学习《毛主席语录》。她还向我们讲道：“记得有一天，突然有人急匆匆地来找我，让我赶快去录《新闻和报纸摘要》，说是来了十分紧急的稿件，前面的播音员太紧张了，录不出来。我立刻赶去播音间，坐下就开始播音，一点也没有延误，一个字也没有读错。所以，从那以后，台里还是决定让我负责播音。齐越老师那时候身体不好，播得也不太多，后来就停播了。夏青当时也停播了，后来他们一起去参加劳动。当时正是快过年的时候，冬天很冷，夏青有关节炎，腿脚也不方便，但是也得去劳动。后来他们回来了，听知晓情况的同事说是总理要求他们回来继续工作的。”

1976年，毛主席逝世。葛兰和夏青也都参与了毛主席逝世的报道通讯和一些吊唁消息的播音。夏青播报了《告全党全军全国各族人民书》。葛兰说：“毛主席逝世对全国上下的影响是很大的。从那天起一个月，中央台的所有文艺节目一律取消，只报道毛主席的吊唁消息，还有瞻仰毛主席遗容这样的一些重要的通讯。当时，上级决定让我和方明负责这些播音工作。这一个月里，每天凌晨两点多钟就要到班。原来早间半小时的《新闻和报纸摘要》节目大幅度延长，有几次播音时长达到七小时之久，当时要求是随时来稿件，随时播出，而且不能播错，只能全力以赴。”

在这一个月里，葛兰播的主要是一些吊唁类的重大通讯。在播这些内容的时候，要把握好情感，不能流着眼泪哭着播，要怀着怀念、敬爱主席的心情，要表达出化悲痛为力量的情感，所以掌握火候很关键。葛兰说有一个稿件的内容让她记忆深刻。有一位老工人，几代都是贫农，解放以后才翻身做主人到工厂里工作，成为新中国的主人。在瞻仰毛主席遗容时，她哭着说：“毛主席啊，不能没有你啊。”葛兰播这句话的时候眼泪已经流出来了，但还是要控制住情绪，顺着她的情况进行介绍，表达出这位老工人对毛主席、对党和国家深切的感恩之情。紧接着播报的是青少年走到毛主席的灵前，葛兰就要立刻变一种语气，表现出青少年对毛主席的敬爱之心。当时，稿件的编辑也都说葛兰播得很动情。在葛兰看来，播音工作不是去卖弄自己，需要将真挚的感情激发出来并自然流露。另外，毛主席逝世期间的新闻宣传工作责任十分重大，这个重任对她而言是一次考验，更是终身难忘的工作经历。

葛兰说，在播音工作中，她也遇到过一些困难，但她不会害怕困难，会努力去克服困难。她向我们讲述了她播稿时遇到的一些紧急情况：“有时候稿件来得很急，没有时间提前熟悉。有时候坐在播音室里头，红灯亮了，就开始直播。在播的过程中，临时加稿子的情况特别常见。稿子一来，编辑拿着手电筒隔着玻璃冲我们晃，就表示要准备接稿了，这时候不能装作看不见吧，要平心静气地赶快把稿件加进去。那新稿子加进来，先前排好的稿子顺序就变了，两名播音员就要重新调整，按新的顺序进行播音。特别是紧急稿子都会写着‘此稿经过领导的审批，不能播错一个字’。这时候不能埋怨，更要平心静气。因为这不仅是播音员的本职工作，还是党的政策要求。新闻之所以重要就在于它有时效性和精准性。现在的《新闻联播》中临时加稿件的情况也很常见。我们那时候的稿子都是人工手抄稿，还有些是电报传过来的稿件，字体都是歪斜的，辨识起来很困难。所以，这对专业基本功是不小的考验。工作之余，我也时常思考要怎么播新闻。我没有上过专业性的学校，刚参加工作的时候也没有人教我们，每次遇到困难了，我也不害怕，就自己想办法克服困难。或许这都是源于自己热爱这份工作，就更愿意去钻研这份工作吧。”

二、投身教育，继续前行

1999年，葛兰结束了半个世纪的播音生涯，开始致力于我国播音主持的教育工作。现今，她依然在教育一线发光发热。

当我们问起葛兰当时是出于什么缘故投身到播音主持的教育事业中时，她回答：“我的母校中华女子学院（前身是新中国妇女职业学校）邀

图4-8：葛兰工作照（葛兰提供）

请我去做一场有关职业发展和专业成长的学习交流会。交流会结束之后，校长找到我，希望我在艺术系开办一个播音专业。考虑到我的母校对我有培育之恩，我很快就答应了。”

从 1999 年进入学校开展教学工作到 2019 年，整整 20 年。中华女子学院原本不招收男生，葛兰进校后提出，播音专业不能阴盛阳衰，要招男生。也就是从那以后，女子学院也开始招男生了。从她的讲述中，我们能够看出葛兰对播音教学事业的热爱，对学生也高度负责。

葛兰以毛主席的诗词《沁园春·雪》为例，向我们讲述了她平时是如何给学生讲课的。她说：“我会先给学生们讲清楚这首词的背景，帮助他们理解这首词的基本内容，理解到位了才能把握好情感。1936 年 2 月，毛泽东率领红军东渡黄河，到华北前线对日作战，途经陕北袁家沟时适逢大雪，毛泽东面对雪花飞扬的壮丽河山和蓬勃发展的革命形势，更加坚定了必胜的信念，在这样的背景下，毛主席写下了这首气势磅礴、雄浑豪迈的诗篇《沁园春·雪》。这首词的上阕描写的是北方的雪景和祖国的壮丽山河。词的下阕，叹惜历代君主，抒发伟大的抱负及胸怀。这首词

图 4-9：葛兰担任第三届全国大学生主持人大赛北京赛区评委（葛兰提供）

有三层意思，先描写雪景，然后惜古人，最后赞当代。读的时候要先把诗词的内容和情感领悟透彻，读的时候不能只高声调地喊，要体现出毛主席的气魄。总之，在教学中我特别注重培养学生对稿件的领悟力。此外，我讲课不用课件，我觉得学生把注意力都放在课件上，会忽视我口中表达的内容。课下，我会给他们每人发一份我事先打印好的稿件。我还经常鼓励学生动笔去写，我觉得手写可以增强他们对稿子的领悟力。”

在葛兰看来，培养学生，必须要让学生全面学习、全面发展。“读、写、采、编、播”五大基本功必须有。“读”指的是要多读书，积累知识，具备较为扎实的文学功底。“写”是指提笔要会写，有较好的文字表达能力。现在“采、编、播”一体化发展，这些更要学扎实。“播”是基础，指的是语言表达的基本功，不仅要会报新闻，还要会播访谈节目、评论节目，会讲故事、进行解说。再者，“背功”也很重要，有的稿子看一遍就要背着讲，不能完全念稿子。还有最重要的一点是，要提高政治觉悟，始终同党中央保持一致，遵循党的舆论要求，做党的喉舌，即使主持文艺节目、综艺节目，也必须遵守党和国家的各项规定。此外，还要注重实践经验。她还向我们谈起了自己深入群众的经历：“我们那时候经常到工农兵当中去，去工厂、下煤矿，了解工人的实际工作，接受熏陶；到农村，跟老乡们打成一片，跟他们谈话，了解他们的劳动和生活。我当时去农村结识了一位妇女队长，我经常观察她怎么讲话，如何开展工作，也向她学习。后来，一篇播音稿讲的正好是一名做农村工作的女队长，我就按照她的人物形象来播，同事们说仿佛我就是那名女队长一样。这就是深入实际，什么节目都是要用真实的感情，将播音同实践相结合。”

葛兰说，她也是一名老播音员了，是党和国家培养了她，没有党的培养，她不会有今天的成绩。她语重心长地对我们讲：“如果将所学的专业作为讲条件的本钱，是很悲哀的事情。现在有的播音员带着经纪人到

图 4-10：葛兰朗诵照（葛兰提供）

处接通告，我对此感到很难过。在我看来，没有中央台这么大的平台，就不会有今天的葛兰。所以，不能拿这个所谓的名气和自己的专业去讲价钱，咱们是党的喉舌，中央台的喇叭大，听众才知道你，电视台的屏幕大，观众才认识你。作为播音员就应该做好自己的本职工作。并且，工作需要一个团队的协作，编辑部的同志比我们播音员还辛苦，我们凌晨三点半到班，编辑凌晨一点半就到班开始整理稿件了。此外，那些录音师、技术人员，他们也付出了很多。这是一个整体，大家都在尽最大的努力完成好工作。我也不是大师，也不是泰斗，我就是名老播音员。所以，像一些商业活动找我出席，让我接广告，我都直接拒绝。虽然我有幸获得‘庆祝中华人民共和国成立 70 周年’纪念章，但我还是觉得自己受之有愧，与那些老一辈革命烈士，那些保家卫国的英勇战士相比，我差远了。”从葛兰的讲述中，我们能够感受到她对播音事业的一颗真心，对党和国家的感激之情以及她谦虚的人格魅力。

在 70 年的职业生涯中，葛兰对中国播音事业做出了很大的贡献，也培养了一批批优秀的播音员和主持人。在采访中，我们询问了她对新时代的播音员有什么样的期望，她说："新时代有先进的发展理念，先进的科学技术，播音也不能停滞不前，一定要进步。但是，不管时代怎么发展，工作如何创新，作为专业的播音员，基本功是要牢牢掌握的。发轫于延安新华广播电台严肃认真、一丝不苟的精神要永远传承下去，要不忘初心、牢记使命。现在的工作环境比起延安时期可以说是相当优越。如今中国的广播事业、电视事业发展之成果在那个年代都是不敢奢想的，要珍惜现在来之不易的大时代。比如说中华女子学院当年是培训基层妇女干部的学校，现在也发展为国家公立大学了。就我而言，我小时候家里很贫穷，供不起我读高中，后来我考进新中国妇女职业学校，当时不要学费，还管食宿，我才能继续读书学习。所以我很珍惜这些来之不易的机会，并且时常满怀感恩之心。再之后参加工作，进入了中央人民广播电台，成了党的喉舌。最后进入学校从事教学工作也很不易，看到学生给我的留言'春蚕到死丝方尽，蜡炬成灰泪始干，葛兰老师您辛苦了'，我当时就热泪盈眶了。我把这些感谢作为自己前进的动力，我希望自己能够像龚自珍的那句诗'落红不是无情物，化作春泥更护花'一样为学生无私奉献。"

在采访中，我们还询问了葛兰对人工智能主播的看法。葛兰这样说道："现在是智能时代了，我也对智能主播做过一些简单的了解。它是有一个模型，比如用真人播音员的声音、形象等，它的诞生融合了很多高新的技术。但是，据我所知，智能主播也还处在一个逐步发展的阶段。智能主播刚兴起的时候，我也思考将来播音员会不会被智能主播替代了，但后来了解后我认为它还是无法替代真人播音员的。毕竟播音主持都是有思想、有人的情感在里面。但换句话说，不管是人工还是智能，也都应该去发展，摸索着前进，新的科技也要吸收，不能没有创新。虽然我快90岁了，也跟不上现在5G的时代了，但我也不能有丝毫的懈怠，还是要紧追时代。”从葛兰的回答中，我们能够深切体会到她跟进时代步伐，活到老、学到老的精神。她的这种精神值得我们后辈播音员传承和发扬。

三、不忘初心，感恩党和国家

2019年，葛兰荣获了“庆祝中华人民共和国成立70周年”纪念章，这是至高无上的荣誉。在采访中，葛兰和我们讲述了她当时的内心感受：“当时给我戴上纪念章的时候，我挺激动的。回想这一生，我没有经历枪林弹雨的战场，我是在解放初期才参加了革命，确实是受之有愧。我从参加革命后，一直工作至今，但和那些老革命、老干部所经历的相比，差得太远了。我特别感谢党，感谢全国妇联。因为我生在半殖民地半封建的旧社会，是党的教育让我得到了成长。我当时所在的学校被全国妇联接管后，党和国家非常重视培养年轻一代的妇女干部。宋庆龄、邓颖超、蔡畅、康克清等老一辈革命家就经常教导我们要刻苦学习文化知识，为党和国家的革命事业做贡献，始终坚持为人民服务的宗旨。这为我们树立了正确的价值观、人生观、世界观，为我的一生打下了良好的基础。我还要感谢毛主席，毛主席让我们参加开国大典观礼，我当时坐在天安门城楼对面的观礼台，整个过程到现在依然历历在目，到现在我耳边仍回响着毛主席的第一声‘中华人民共和国，中央人民政府，今天成立了！’我听到震耳欲聋的礼炮声，看到五星红旗冉冉升起，看到天安门城楼上高高挂起的国徽和毛主席像。当时我们大家坐在那儿安静极了，没有交头接耳，呼吸的是新鲜的空气，这真是新中国呀。每每回想起来，我的内心都无比的骄傲与自豪。”

周恩来也曾高度肯定过葛兰的播音工作。1963年3月11日，周恩来

图 4-11：葛兰参加开国大典观礼（葛兰提供）

总理在人民大会堂宴请中央人民广播电台优秀工作者代表，葛兰见到了周总理，并和周总理进行了面对面的交流。在采访中，葛兰和我们讲述了当时的具体情形："当时到了宴会厅，我们中央台的播音员围坐在旁边一桌，中间有一个大主桌，坐着一些领导。总理到了以后，直接就坐到我们这一桌了，我们也没想到周总理会跟我们坐一桌，当时也有点儿紧张。用餐期间，总理非常亲切，和我们聊起了家长里短。他问我：'你叫葛兰，你是哪个兰啊？是兰花的兰吗？'我当时一紧张就说是兰草的兰，惹得大家都笑了起来。在宴会上确实能感觉到中央领导关心播音工作，大家很受激励。"

葛兰还补充说："除了周总理，邓颖超大姐也对我们关怀备至。1963年召开全国妇女代表大会，会上要宣读《全国妇联致国际妇联的一封信》，邓颖超大姐点名让我去宣读，当时会场有一万多人，我一口气把三千多字念完了。会议结束后，邓大姐夸奖我念得真好，还让我注意身体，说我太瘦了要好好加强点儿营养。我感觉自己就是普通的一个播音员而已，只是工作时间长了一些，也没有什么可骄傲的。面对党和国家的关怀，我每次都决定自己要在学校里继续发光发热，教育下一代，让他们更好地成长成才，为社会、为党和国家做贡献。”

葛兰曾就读于新中国妇女职业学校，宋庆龄是新中国妇女职业学校的创办人之一，为新中国妇女的文化教育事业做出了重要的贡献。2019年9月，上海宋庆龄基金会所属的宋庆龄纪念馆，邀请葛兰参加他们在上海举办的庆祝“中华人民共和国成立70周年”巡展，并宣读宋庆龄先生写的参加开国大典感受的文章。他们考虑到葛兰参加过开国大典，所以想让她来读这篇文章。葛兰觉得这是很有意义的一件事，很高兴就答应了。葛兰真切地说：“在会场上，我读宋庆龄先生的每一段文字时，就觉得即我所见、所想、所感，读的过程中很容易产生共鸣。所以，大家觉得我的朗读是合乎宋庆龄先生的语气的。宋庆龄先生在新中国成立后致力于有关中国妇女和儿童的工作，她也参与了我母校的建设。她对我们学生也是很关怀的，经常去学校看望我们，问候我们。这篇文章让我又回顾了开国大典的场景，体会了宋庆龄先生浓烈的爱国之情，收获颇丰。”

（葛兰口述）

第五章

口述林如

——含蓄深沉的播音主持创作风格

林如

（1935—2019）

新中国第一代播音员，中央人民广播电台播音指导。

林如，1935 年出生，天津人。1952 年开始先后担任中央人民广播电台播音员、播音部副主任。曾任莫斯科广播电台华语部播音员、中国传媒大学播音主持艺术学院兼职教授。

代表性节目有《音乐漫谈》《通俗交响乐讲座》《交响乐世界》等；代表作品有《让历史告诉未来》《共和国之恋》《长征——生命的歌》《百年恩来》等。曾在日本电视连续剧《阿信》中担任旁白。曾荣获全国广播电视学会播音研究会颁发的“杰出贡献奖”，四次亚洲—太平洋广播联盟大奖。2019 年逝世，享年 84 岁。

播音主持工作作为“联结听众的最后一环”，直接关系到传播效果和主流媒体社会责任的实现。对于播音主持来说，如何实现流畅的口语表达和准确的情感传递是个人风格和能力的重要组成部分，也是实现一切传播效果的重要基石，因此，被认为是“播音主持素质能力的试金石”[1]。林如作为新中国成立后的第一代播音员，曾承担《音乐漫谈》《让历史告诉未来》《共和国之恋》《绿色长城》《荷塘月色》等的播音工作，其沉稳内敛、隽永含情的声音已深深镌刻在老一辈听众的心中，成为共和国时代变迁的“有声日历”。著名播音大家齐越曾评价林如：“她的播音已进入炉火纯青的阶段，做到了不加雕琢而富有魅力，质朴平淡中蕴含着丰富的内涵，自然平易中富有诚挚的情感。”[2] 诚然，在总览林如相关口述文献后，不难发现独具特色的情感表达方式是她广受业界认同的关键原因，同时也是其经典之声绵延不绝的根本所在。

第一节 播音主持创作风格的演进

从最初的条件艰苦到现如今的融合传播，中国广电事业的发展经历了漫长坎坷的过程，有着独属于各个时期的不同时代烙印。播音主持作为广播信息传播过程中的重要一环，其播音风格、方式也因时代的差异而呈现出不同的特点，从而形成了专属于特定年代的情感，对信息内容

1 李彦杰：《播音主持言语交际与情感表达策略》，《新闻研究导刊》2020 年第 12 期。

2 王东：《播音艺术家林如播音样态浅析》，《神州》2014 年第 9 期。

图 5-1：20 世纪 50 年代后期林如（右一）与费寄平（中）在莫斯科合影
（王雪纯提供）

的传播具有重要影响。

一、质朴内敛、淡而有情的新中国成立初期（1949—1965）

1940 年延安新华广播电台的成立标志着中国人民广播事业的开始，紧接着昂扬向上、气势磅礴、爱憎分明、坚定有力的播音艺术风格经过漫长革命年代的淬炼而得以逐渐形成，在情感表达方面，亦是以“浓”以“重”为主，这已然成为新中国成立前特有的播音风格特色。1949 年新中国成立，“宣读式”“播报式”的播音风格以其“庄重大方、朴实明快、严谨规范”的特质逐渐被全国听众所认可接受[1]，“沉稳质朴、淡而有情”成了当时播音员的情感表达特色所在。

林如于 1951 年经选拔进入中央人民广播电台，1954 年因公被派往莫斯科，在苏联的学习工作经历使她的播音风格日渐成型，情感表达也以“质朴、内敛”为主。例如，林如曾于 1959 年解说芭蕾舞剧《巴黎圣母

1　么钟：《时代潮流变化中播音风格的演变》，《文学界（理论版）》2012 年第 7 期。

院》，在陈述类似于“温暖的阳光、爱情、空气，这一切难道对这个十六岁的姑娘来说都没有份了吗”，“在不远的地方，身穿袈裟，道貌岸然的神父盯住了这个姑娘”这样的句子时，林如并没有以深刻同情女主人公、痛斥作恶者、塑造紧张黑暗氛围的批判语气进行情感表现，而是只做一个旁观者，不加以自身的判断评价，顺畅地将舞剧所隐含的内涵传达出去，自然而然地调动观众的情绪，从而更能引发共鸣。在为人物通讯《假如所有党员都像他》播音时，林如也是以一种自然朴实的风格去表现其中人物的情感，没有刻意地渲染与拔高，这就与当时“高八度”的播音风格形成了鲜明的对比。

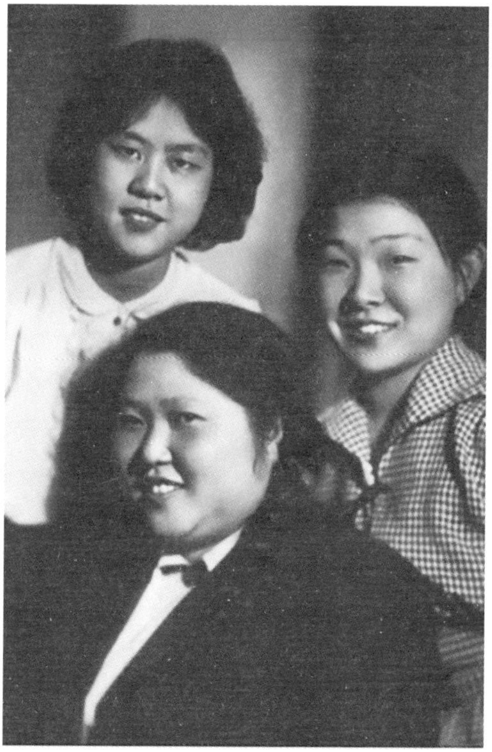

图 5-2: 1956 年林如（右一）与费寄平（中）在莫斯科合影（王雪纯提供）

除此之外，林如的播音情感特色在时政类报道中亦有所体现，在播送一些宣传类、口号类的句子时，林如并没有将尾音加重，刻意强调突出，而是以稳重内敛、自然转接的方式去进行报道，这样的报道方式更能传达出国家对于经济、社会建设的期盼与自信，也更能带给听众一种信任感与踏实感。

二、气势压人、拒人千里的特殊年代（1966—1976）

1966 年，新闻界形成了“千报一面”“千台同声”的局面，大批新闻工作者离开了自己的岗位。中央人民广播电台一批原本十分具有特色的广播节目也在此期间停止播出，长期以来朴实、亲切的播音风格也变成了高调门、平淡、空洞的“播音八股”，甚至高高在上、气势压人、拒人千里。这种机械化的宣喊式播音严重偏离了播音主持艺术的创作道路。[1]在此期间，林如停止了播音，被调往文艺部从事编辑工作。

三、严谨生动、亲切朴实的开放时期（1978 年以后）

1978 年，改革的春风吹遍大江南北，全国各行各业都迎来了崭新的时代，播音主持事业也因此而踏上新的台阶，获得了更高水平的发展。广播节目的种类在此时期极大丰富，一方面使得广大人民群众的需求得到了更好的满足，另一方面也对播音主持工作提出了更高的要求。1981 年 8 月，第二次全国播音经验交流会在北京举行，会议着重讨论了新闻播音特点和当前新闻播音存在的问题，并提出“大胆创新、百花齐放”的

1　赵广远：《改革开放四十年来我国电视新闻播音风格演变》，《新闻战线》2018 年第 6 期。

图 5-3：林如播音（王雪纯提供）

方针。[1] 经过一段时期的变化发展，我国的播音风格摆脱了“高平空、冷僵远”的特质，转向“严谨生动、亲切朴实”，播音情感的表达也日渐细腻深入、直达内心，并且注重传导情感，与听众紧密相连。

在这样的时代背景下，林如认为：“播音员追求的应该是不使听众感受到你的存在。真正好的播音应该是使播送的内容自然而然地进入听众的耳朵，能让听众被播送的内容吸引，而不是被播音员的声音分散了注意力。”对于播音工作者来说，要做到这一点，拥有融入角色、洞察角色内心的能力至关重要。电视剧《阿信》于 1985 年引入国内，主要讲述了日本少女阿信的成长以及奋斗历程。在经过电视台选拔后，林如成为此剧的旁白配音，阿信丰富的内心世界及所思所悟由此展现在观众面前。姚喜双认为：“她首先将自己的情感融入人物内心的情绪之中，她不是扮

1 刘凤至：《从社会变革看我国新闻播音风格的演变》，《内蒙古大学艺术学院学报》2010 年第 4 期。

演人物，给人物配音，而是把人物内心世界的东西传达出来。”[1]

在《与基层播音员通信》中，林如说道：“在播音工作中也要掌握语言的传导力量，把感情的信息传导给听众，在听众的心里逐渐丰富、升华。”可见林如十分注重在播音工作中传导情感、引导听众——并不有意表现出自身对于播音内容的看法，而是将感知权转交给受者。例如，林如在为散文《乡园寻梦》播音时，整体上以一种平稳宁静的口吻叙述着故土的人、事、物。在陈述“母亲一生很辛苦，少为农家女，长为农家妇，虽然目不识丁，但是却深知人情事理”“那时，父亲已经过世，母亲孤守乡园，既清苦，又劳累，且操心”“母亲一个人留在老家，只是更老了”等句子时，并没有刻意地拖长调，改变语气，营造哀婉叹息之感，而只是平静地道来，微微地停顿、迂回和转折，反而更能凸显原文作者回忆的朦胧之感。通过这样的情感表达方式，观众的注意力不会被播音员吸引，反而更能专注于文章内容本身，体会到原文作者刘郎的浓浓思乡之情与对母亲的深沉爱意。“让听众参与进来，也是她整体创作观的进步所在。”[2]

进入21世纪，在节目类型、主持人类型日益多样化的今天，生动活泼、洒脱随性的播音风格更为人们所喜爱，播音主持情感表达也日渐口语化、直接化，与观众的心理距离由此拉近。而随着媒介技术不断演进，“产销者”“制用人”层出不穷，播音主持风格与情感表达方式无疑也会向着更加多元化的方向迈进，获得新的变革与发展。

1 姚喜双：《林如播音风格浅探》，《北京广播学院学报》1987年第3期。
2 姚喜双：《林如播音风格浅探》，《北京广播学院学报》1987年第3期。

第二节 播音主持创作风格形成的因素

“情感是播音的灵魂，播音主持人处在新闻传播的最前沿，能否运用好有声语言和情感表达向受众进行传播，直接影响着传播效果的好坏。”[1]林如的播音作品一直以特有的情感表达方式见长，并由此而形成了自己鲜明的播音特色，为老一代的中国听众留下了难以磨灭的记忆。在林如的口述中，她认为自己情感表达方式的形成不仅受时代浪潮影响，也归因于个人播音技巧的不断锤炼提升。

一、“学苏”浪潮的推动：深受苏联播音风格影响

新中国成立初期，学习苏联的新闻工作经验成为我国新闻人的任务与目标。1954 年 7 月，时任中央广播事业局副局长温济泽率领代表团前赴苏联考察广播事业，回国后撰写了《苏联广播工作经验》一书，同年 11 月，又召开了第二次全国广播工作会议，号召全体广播新闻工作者学习苏联经验。通过对苏联经验的学习，我国广播新闻工作者业务水平有所提升，对无产阶级党性原则的认知也更加明确。在“学苏”浪潮的推动下，1954 年，刚参加工作两年的林如被派往莫斯科学习，并在莫斯科广播电台华语部从事播音工作。在苏联五年的学习工作经历无疑对林如自身的播音认知、技巧、风格产生了重要影响。

林如在苏期间主要接受苏联播音大师托别士与我国著名播音员费寄

1 袁艳：《新闻播音主持人的情感表达素养浅析》，《新闻传播》2016 年第 12 期。

平的熏陶。托别士为苏联功勋播音员，也是林如在苏时的指导老师。托别士十分强调播音时的朴实与口语感，他认为“播音员工作中要做到播讲像谈话，要朴实、忠实而准确地转述出这篇或那篇文章、谈话、短讯等的思想。播音员在他的工作中越是尽量地运用生动的语言，越像讲话和谈话，听众就越容易接受他所播讲的一切”，“播出的稿件愈朴素、愈柔和、愈像说而不像念就好”。林如正是受到了托别士“朴实”“口语化”的启发，在日后的播音工作中，形成了质朴、沉稳、自然的播音情感表达方式。而费寄平的播音风格则是含蓄、内敛、情感深入，在这位大师的影响下，林如注重融入角色内心，提升情感表达效果，追求感情深入。除此之外，林如的学习抓住了当时苏联播音经验的根本——“交流”“视像”“和谐统一”，[1]这也为林如日后注重情感传达、引导观众感受话语内涵打下了坚实的基础。

二、个人努力的加持：勤学苦练、积极探索

1952年12月，中央广播事业局召开第一次全国广播工作会议，同时召开了由中央人民广播电台主持的播音工作座谈会，这是新中国成立后第一次专门研究播音工作的座谈会。会议指出：播音是广播节目最后直接和听众接触的环节，播音工作的好坏严重影响到广播工作的全部效果，影响到广播工作在广大群众中的威信。[2]在政策的要求下，林如等初代播音员态度端正、严以律己，并在实践中不断探索，谋求进步。

对于一名播音员来说，扎实的基本功尤为重要，这不仅是成功播音的基础，也是个人风格特色得以塑造的关键所在。林如认为，基本功是

1　姚喜双：《林如播音风格浅探》，《北京广播学院学报》1987年第3期。

2　吕晓红：《这里是中国的声音》，《中国广播》2010年第9期。

播音员一辈子都需要去坚持练习的，只有这样才能不断巩固不断提升，适应新环境新状况，一阵子的练习并不能够一劳永逸。因此，林如参加工作后十分注重个人基本功的训练，《记录新闻》就是她真枪实弹的“训练场”。通过在《记录新闻》栏目两年的积淀锻炼，她不仅纠正了字音语病，也提升了组织句子、控制气息的能力，这一切都对林如未来的播音工作大有裨益，同时也为她的情感表达方式奠定了坚实的基础。

除了苦练基本功之外，林如也十分注重创新播音方式，提升个人的播音水平。20 世纪 50 年代末，林如从莫斯科返回国内，开始播报部分时政新闻，而时政新闻的播音要求播音员音色沉稳、雄浑、大气，林如则“小嗓门、小音量”，因此对于她来说，播报这类新闻难度较大。为了解决这一问题，林如深入分析了自身的特色以及用声方法，探索出了“字音元素灌满法”和“唇部运动扩展法”，这两种方法讲求把每一个字的“颗粒”灌满，然后再加大唇舌的运动幅度，这样一来就可以有效解决自身“小嗓门、小音量”的问题。

20 世纪 60 年代至 70 年代，我国播音事业也深陷泥沼之中，后来林

图 5-4：林如与丁然一起播音（王雪纯提供）

如曾一度受到牵连停止了播音，被派往文艺部从事编辑工作。在这期间，林如并没有自暴自弃，仍旧严格要求自己进行播音基本功练习，而且不断阅读学习，掌握了解说稿、教唱稿的写作方式，她说：“以前常说播音员要领会编辑的意图，可我总领会不到，经过这一番锻炼以后再回到播音岗位上就能理解编辑为什么会这么写，遇到不合适的地方，也可以和编辑一起商量修改。”[1]

1973 年，林如回到了自己热爱的播音岗位，更没有停止学习的步伐。她说：“学习不一定非在校园里不可。”因此她在工作时抓住一切机会提高自己的文化水平，每次播讲古文、古诗都要查阅大量的资料，深入了解文章内涵、作者生平事迹、时代背景，以便在播音时准确表达出作者的思想情感，对听众负责。

三、自身性格的塑造：不显山不露水，自寻深幽

对于各行业的创作者而言，个人成长经历以及性格特质都会对创作方式及内容产生重要影响，播音工作者播音风格的形成以及情感表达方式的差异同样受其陶染。

林如的播音作品质朴沉稳、不露锋芒，褪去浮华而回归纯真，一字一句间的情感表达特色正符合她晚年所书“不显山不露水，自寻深幽”的本质内涵。播音员虹云也曾评价林如：“林如老师的播音创作走着一条实事求是、扎扎实实的路，她不虚浮，不乱来，不扬众出名。”林如认为，自己的朴实内敛和父母的教育有关，“等我到了一定的年龄，父亲在秦皇岛工作，把我和妈妈接了去，妈妈内敛，总怕我特殊，街坊、同

1　赵猛：《金话筒前的七彩人生——访原中央人民广播电台著名播音员林如》，《中国人才》1994 年第 3 期。

学来了，她总引导我如何对待别人，好的东西应该给别人，大人来了，小朋友应该有礼貌等等，母亲是老式教育，虽然识字不多，但给我规范的做人指导”。[1]

第三节 林如播音风格的启示

“当前市场经济环境下，许多播音员主持人不重视言语表达和情感交流之间的联系，在言语文字的组织上过于空洞且形式化，流于表面，仅仅是为了播报新闻而念稿子，忽略了对节目本身价值的挖掘。这种流于形式的工作模式，并不能使观众真正理解节目的核心价值，甚至会产生一种抵触心理，认为节目是枯燥乏味的。”[2] 在此背景下，探析老一辈播音员主持人情感表达方式的因果所在，一方面是为了强调情感呈现在播音主持工作中对于提升传播效果的重要性，另一方面是为了启示当今播音主持从业者端正工作态度，实现人生价值。

一、重视情感呈现，提升传播效果

“情感在新闻播音中不像文字或是信息那样显眼，但却是整个新闻节目的灵魂。”[3] 在播音主持日常工作中，机械性的重复并不能调动观众欲

1 那边：《林如：“不显山不露水，自寻深幽”》，《紫光阁》2007 年第 1 期。

2 苏翠凤：《简论播音主持言语交际与情感表达策略》，《传播力研究》2019 年第 22 期。

3 王东胜、王潇颖：《浅析新闻播音中主持人的情感表达》，《国际公关》2020 年第 1 期。

望、引发观众共鸣，只有赋予稿件情感才能打动受众，拉近与受众的心理距离，从而形成紧密的传受关系并提升传播效果。除此之外，新闻报道的主要任务并不仅仅是信息内容的传播，它也承担着与国家意识形态相关的价值观念的传播的职责，而这种价值观念通过平铺直叙的报道无法充分展现出来并为大众所理解，因此需要播音员、主持人赋予情感，帮助观众更好地理解稿件中的深刻内涵。

当前市场经济环境下，媒介竞争日益激烈，然而播音主持群体中依旧存在各种各样的专业性问题，其中情感表达能力不足尤为显著。这主要体现在以下几点：一是情感把握不确切。播音主持需要根据稿件的具体内容来确定情感表达方式，然而由于部分播音员、主持人综合能力欠缺，不能准确理解稿件字里行间的具体含义，因此无法采用适当的情感表达方式播报稿件内容，从而使得稿件效果大打折扣。二是无法掌握情感表达的度。部分播音员、主持人为了吸引观众眼球往往会采取夸大的方法进行情感表达，或是由于专业能力欠缺，即使理解了稿件含义也无法准确赋予情感，呈现不足。三是不恰当的个人情感表达。播音员、主持人在日常工作中应当正视角色，从自身的生活圈及情绪中脱离出来，尽量避免个人情绪对播音情感表达的影响。[1]

当前时代背景下，林如等老一辈播音员情感表达方式无疑具有显著的指导意义。林如在数十年的工作生涯中，形成了含蓄深沉、淡而有情的播音情感表达特色，这一方面有赖于其特殊的生长环境、人生历程，另一方面也依托于其个人的努力。对于当前播音主持工作者来说，林如在以下方面值得学习：一是把握情感的度。由于深刻理解了文章内容，所以林如在播报新闻报道以及文艺节目时，总能从内容本身出发进行适当情感呈现，不刻意夸大也不平铺直叙，这种含蓄内敛，将感知权交给观

1　杨帆：《主持人在新闻播音中的情感把握》，《新闻研究导刊》2018 年第 24 期。

众的方式反而更加有助于提升传播效果。二是具备敏锐的洞察力与宏观意识。例如，林如曾播报1985年邓小平的一段讲话，在处理“小康水平”“明显的变化”“大变化”等词语时，并没有刻意突出表面气势，而是从宏观视角出发，找准实事求是、信心满满的基准点，不刻意扬起而是加以重音辅助，稳扎稳打进行报道与情感的表达。三是深入实践积累经验。林如曾被派往编辑室从事编辑工作，在此期间，她学习了各类稿件的写作方法，积累了众多经验，这也使得在后来的播音工作中，她更能体会到编辑的意图，从而有益于情感的呈现与表达。

二、端正工作态度，适应实践需要

林如说：“我一参加工作就播《记录新闻》，这是一档鲜为人知的节目。我没想冒火花，也没想获得什么荣誉，我觉得根基应该是这样。”幼时的教育使林如形成了沉稳内敛的性格，之后的数十年播音生涯林如始终保持着自己谦虚的个性和处事方式，这使她能够不断实践，锤炼自身，也使得她“融入”“淡我”的情感表达方式得以树立。如今，市场经济蒸蒸日上，商业化的时代使播音员、主持人更容易身陷名利泥沼而忽视自身专业性与社会责任意识，在此背景下，端正态度、适应实践不仅是播音员、主持人实现人生价值的追寻所在，也是顺利完成党和国家新闻传播任务的要求所在。

播音员、主持人的工作态度主要体现在对新闻职业道德与新闻专业主义的践行。新闻职业道德与新闻专业主义精神现已成为新闻工作者必须遵循的理念与准则，主要强调专业性与社会责任。而在新中国成立初期，新闻行业内尚无标准化的操作规范和理念要求，政治上的号召与鼓舞成了规范新闻工作者的金科玉律。在这样的时代背景下，林如同大多数新闻工作者一样，形成了良好的工作态度和社会责任感。据林如回忆，她刚开始播报《记录新闻》时还没有深刻认识到播音工作的重要性，因此在一次播音工作中出了纰漏，从而影响了前线战士的记录工作，影响了党中央政令的传达，直到那时，她才真正意识到自己工作的重要性，从此以精益求精、一丝不苟的态度对待每一次播音工作。当前自媒体时代下，“人人都有麦克风”“人人都是产销者”的局面已然形成，播音主持这一职业已经并非只有专业者才可以胜任，而是授权给了各个拥有媒介的个体。在这样的媒介背景下，专业的播音主持更应当积极向老一辈学习，端正工作态度，提升工作水平，从而保障主流价值观顺利传播，防止市场“劣币驱逐良币”现象的发生。

播音主持适应实践的能力主要体现在根据实际工作谋求创新。随着数字技术、网络技术、移动通信技术的不断发展，用户的需求以及媒介生存的需要促使媒介融合不断深化，播音员、主持人也因此衍生出新的理念与要求，其中创新能力至关重要。在林如的播音生涯中，十分重视根据实践创新的能力，“字音元素灌满法”和“唇部运动扩展法”就是她为了应对自身“小嗓门、小音量”所探索出的播音方法。除此之外，在政论新闻播报方面，林如也没有拘于传统，采用洪亮、激昂的播音方式，而是创造性地提出了“舍弃”的观点，认为在政论新闻播报时，不能盲目追求表面气势，不能处处都重音。在媒介、节目形式、受众喜好不断变化的今天，各栏目播音员、主持人更应根据实际情况改进自身播音工作，创新播音方式，从而适应信息传播需求，同时拉近与受众的心理距离。

第四节 共和国发展的“有声日历”

林如的女性播音风格含蓄内敛、深沉稳健，在中国播音史上独树一帜，极大完善了我国的正统播音方法。其“含蓄”的风格内核与其自身的生活经历、性格特征相辅相成，也受到了苏联经验的深刻影响，成为中国播音历史上不可忽视的重要标识。除此之外，林如谦逊低调，不显山不露水的处事方式，也赢得了众人的称赞，成为老一辈播音员中的独特存在。

一、投身播音事业，锤炼自身

林如 1935 年出生于天津市，1952 年在北京贝满女中读高中三年级时，国务院决定，从北京市抽调 16 名高中生，参加广播宣传工作，服务祖国建设。林如心想，既然是组织需要，就没有什么可犹豫的。于是她毅然放弃了升学的机会（当时国务院规定，高中毕业生一律要送往大学深造）。林如被派往中央人民广播电台，从 17 岁起就投身到了播音事业中。

1954 年，根据《中苏友好同盟互助条约》的需要，组织上派林如去苏联，到莫斯科广播电台华语部，面向中国听众，担任华语广播节目的播音。在播音业务方面，林如学习了苏联的播音经验。在采访中，姚喜双告诉我们，林如的解说方法学习了苏联的经验。“以苏联提出的‘旁白’来说，苏联的歌剧院解说是在现场解说，解说员要保证解说不影响观众看戏。所以旁白的位置是‘旁’而不是‘主’，坐在一旁。旁白还要‘旁而不白’，不能解说得像白开水一样，要有感情地说。一直到今天，许多电影、舞剧、戏剧，包括配音录音作品，也是这样解说的。”

在苏联的四年，林如还学习了俄语、音乐和舞蹈等。虹云回忆：“我作为学生辈儿，记得1961年我们到中央人民广播电台工作，那时广播电台开始播报音乐节目、电影解说和舞剧解说，这当中有很多外国的作品。在报头尾、讲歌词、介绍交响乐和西洋歌剧等方面，费寄平老师和林如老师是很突出的。比如，在解说《列宁在十月》这部电影作品时，她们的播音的确有独到之处。再加上她们有比较好的俄语基础和文化修养，解说得很深入浅出，生动形象。林如老师曾带领着我们唱苏联的一些歌曲，音乐修养也很高。”林如的女儿王雪纯也说：“妈妈在苏联学会了跳交际舞，也爱跳交际舞，回家也教会了我和姐姐们，更重要的是，她常带我们听古典音乐和世界各地的民间音乐，给了我们艺术方面的熏陶。”

图5-5：林如朗诵
（图片来源：https://baike.baidu.com/item/%E6%9E%97%E5%A6%82/29628?fr=aladdin）

在中央台工作时，林如坚持跟年轻一辈的播音员一起练功，不断强化自己的播音基本功。虹云说："那个时候齐越老师要求播音员必须练朗诵，可是说实在的，并不是所有的老播音员都肯登台练，但是林如老师每一次都认真跟着练。上学时我就想各种办法找林如老师请教业务。虽然林如老师性格内向，从不张扬，但是向她请教问题，她都会认真地回答。我跟林如老师有着一种特殊的师徒关系。"

林如对待播音工作非常严谨和认真。林如大女儿王雪征回忆，自己经常能在家看到妈妈的工作状态。"她要是在家备稿，我们就不能吵闹。我九岁的时候跟着妈妈去了干校，妈妈待了一年，我待了半年。那时候我的印象就更深，因为她每天都要播，要转播，比如晚上的《新闻和报纸摘要》，晚上好像还有一个类似于《新闻联播》的节目，大概是10点多还是11点的样子，结束的时候会放国际歌，但是在这个新闻之前还是之后，妈妈必须读天气预报，然后干校里一些的安排通知也是由她来读。天气预报是每天由她自己录一遍，所以她就只能在我们两人的小屋子里录，她一录音我就一点声音不可以出，夏天还好就把我赶出去玩了。你能看出来她非常认真，即使是天气预报她也在那琢磨要怎么播，态度特别认真。"

林如在家会听音乐，有时也会听自己播过的节目，听文学欣赏、音乐欣赏和电影解说这几类节目多一些。林如也非常爱读书，这为她良好的文学修养打下了基础。林如和王雪征一起在干校住时，她们隔壁就是学校的图书馆，她们两个几乎所有的时间都在图书馆里看书。"我妈和我爸都爱看书，她更爱看外国文学，我爸也会看，类似希腊神话、《西游记》这样的故事都是我爸给我们讲的。他们的书柜是唯一对我们开放的空间，我和妹妹小时候就快能把《天方夜谭》背下来了，他们书柜里的书我们都读过。"

二、重视业务细节，求索实践

林如在播音业务上，注重细节，不断摸索播音的技巧和方法。在采访中，虹云给我们讲述了林如在咬字、用声、新闻播音等业务上对她的耐心指导。从虹云的讲述中，我们就能感受到林如注重细节，不断求索实践的品质。

虹云说，在基本功上，林如老师对她帮助最大的是咬字方面。“老一辈播音员也不光是林如老师，几乎中央人民广播电台所有的老师都强调必须要‘字正’。在这方面整个播音部都是下了大功夫的。在咬字方面，林如老师说过这样一句话，播音时要把字在嘴里都‘嚼’过。老师说了这句话后，我自己就开始琢磨，开始练。实际上这一个‘嚼’字是播音界播新闻时吐字的窍门、关键所在。我记得她纠正过我读‘我’和‘祖国’的发音时说，‘u’和‘o’都是舌位在后，不要把字音含到嘴里，一定要把字音咬出来。”

其次，林如在用声上也对虹云有所帮助和启发。因为虹云有歌唱基础，所以她会把歌唱的方法用到播音上。虹云率真地说道：“那时候我觉得，播音的用声有点枯燥，没有歌唱的用声有范儿，但是林如老师说不能用歌唱的办法，要用语言的用声。我们也是在她的启发下学习戏曲的用声方法。我就觉得她那么高的音乐修养，那么热爱音乐，但是她也是按照语言自身的特性走。我们的播音是对前辈们播音的不断发展，因此，我们都很感恩我们的源头，感恩老师点点滴滴的经验，当然也不光是林如老师，中央人民广播电台播音部各位老师的经验都十分重要。在继承和发展前辈们播音经验的过程中，自己也要用功，要追求真知，这样才能够总结出既符合实践，又比较科学、比较准确的一些东西。”

再者，林如在新闻播音方面也给了虹云很多启发和帮助，在新闻业务上帮她解决了最根本的问题。虹云回忆："我在我们这批同学当中，年纪是最小的一个，我算是小师妹，我不像我师姐师兄们新闻播音播得很熟练。在中央人民广播电台你要不会播新闻，其他类型和专题的节目播得再好，也很难生存下去。所以我有一阵非常用功地练习新闻播音，可是就发现我越用功，新闻越播不好。比如类似'从海南岛到黑龙江，从新疆到东海'这样的稿子，我播出来的味儿不是新闻的味儿。这个问题着实让我痛苦了很长一段时间。当时很多老师都给我提了建议帮助我解决这个问题，比如夏青老师提出要具备新闻观察家、记者，甚至是女政治家的风范等等，这主要侧重的是新闻播音的气质问题。最终帮助我解决这个问题还是林如老师。林如老师说话不多，但只要说了就一定在点上。她说播新闻要'半数半读'。'半数半读'是说新闻的特点是概述最新事件，所以播新闻时一定要用最简洁的语言播报当前发生的最新事件。这是女声的一个处理办法，也是一般性新闻的播报方法。女播音员学夏青老师读文件、读《宪法》的宣读办法，学齐越老师大气磅礴地播报评论，会觉得吃力。但是，林如老师提出的这四个字能应对大部分一般性新闻的播报。我觉得她在新闻业务上帮我解决了一个根本的问题。从那以后加上刻苦的练习，也加上其他老师的一些启发和教育，我的新闻播音越播越好。"

另外，林如还具体指导了虹云播报《记录新闻》。林如曾这样对虹云说："你播一播《记录新闻》，以后再播大新闻或者普通的新闻，体现出来的味道和基本功都是不一样的，很有好处。比如说断句怎么断，就可以从《记录新闻》中学习，因为记录速度慢；还有比如咬字，要嚼过来，你在《记录新闻》播报时就能运用起来，之后你再去播大新闻就会'字正'。""她讲的这两点真的解决了新闻播报中的一些问题，我们播新闻经常是长句子，长句如何断那是非常讲究的。从我刚才说的，就可以看出她已经开始了《记录新闻》和大新闻的对接，基本功往里揉，所以我感觉林如老师的句子读得特别好听。”

三、完善正统播法，独树一帜

以林如为代表的女播音员，开创了中央人民广播电台女式播音的方法。这种女式播法是对中央人民广播电台正统播法的完善和补充。林如的播音风格不仅有正统播法立场坚定、爱憎分明的特点，还形成了自己独特的特点。

虹云认为林如播音风格的内核是“端庄典雅”。在采访中，虹云告诉我们：“我们那一批六十年代的同学，女同学有的模仿林田老师，有的模仿费寄平老师，有的模仿潘捷老师，我们班上的男生他们肯定是奔着齐越老师、夏青老师去学。但是我说句真心话，我就一定要学林如老师的播音。因为我觉得女生学习林如老师的播音，会有一种端庄典雅的感觉。林如老师的播音就像端庄秀丽的小楷，清秀抒情，端庄优雅，真是我心

图 5-6：中央广播事业局播音业务会代表合影（第二排左三为林如）
（引自《把声音献给祖国——齐越的播音生涯》）

中的楷模，我一生的楷模。”

姚喜双用“含蓄”二字概括了林如播音风格的核心特点。他说，第一阶段林如老师的播音风格是“含蓄淡雅”，第二阶段的风格是“含蓄深沉”。“含蓄”是她播音风格的主旋律，“淡雅”“深沉”是她主旋律的变奏。“含蓄”的播音风格贯穿于她的整个播音创作中，独树一帜。

姚喜双说：“政论文章很难做到含蓄，但是林如老师将含蓄贯穿其中，同样也能体现大气的风格。因为林如老师下齿稍短，发音的时候上下牙齿很难咬字闭合，所以她是小嗓门，不是宽音大嗓，这些都给她播政论文章带来了天然的困难，但林如经过不断的练习克服了这些困难。同样是播‘中国共产党章程（草案）’，夏青老师和林如老师各有各的风格。夏青老师是‘宣读式’，铿锵有力，字正腔圆；林如老师因为嗓门小，采用了‘半说半读式’，说话和朗读相结合，‘章程’这两个字采用朗读的方式，其他几个字采用说话的方式，一样可以很大方。一到节庆期间，天安门广场就会举行活动，中央人民广播电台播音员就在天安门广场转播大会的盛况。新中国成立初期，没有电视，大家只能听广播。林如老师说，就是在天安门广场上播音，也不能冒虚气儿，越是在那种场合，越要沉住气，把内容说清楚，这也体现了她的含蓄淡雅、含蓄深沉。”

在播音工作中，林如要达到的审美境界是“为你服务却不让你感受到我的存在”。姚喜双为林如写了一副对联：“无我的审美境界，求实的创作观念。”姚喜双还以林如解说《阿信》为例，向我们具体阐释了林如含蓄、无我的播音创作理念：“八十年代的时候，中央电视台有一部日本电视连续剧《阿信》，这部电视剧很长，林如老师是其中的旁白。我在看这部电视剧的时候，只注意到林如老师说的那几句旁白，后来我采访她的时候，她拿了一本厚厚的解说，才知道她解说的不光是旁白，所有人物的内心活动都是她说的，她说就要达到这种境界，不要干扰人们美的享受，这是她的追求。她还说，要把创作的功劳留给音乐编辑、画面编辑，把创作的能力留给观众，自己点到为止。比如说一个电视画面描写的是秋天到了，丰收的景象，山楂也红了，苹果也成熟了，还配着音乐，播音员只用说一句话，‘又是一个金色的秋天，丰收的秋天’。这样一个画面，有三种配音方法。一种是拎起式，配完音之后，音乐起，画面出，镜头拉开；一种是融入式，音乐起，画面出，融入音乐中配音；再一种就是补充式，等音乐和画面展现差不多之后，补充配音。林如老师用了最后一种方法，不和音乐编辑、摄影记者争功劳，不代替听众的创作，她相信听众听了音乐，看了画面一定能感受到这是一个金色的秋天，丰收的秋天。这就很符合她含蓄的创作观念。”虹云也提到林如在纪录片配音和解说上的原则是要“跟”要“贴”，“宁可不够，也不要虚假过头”。

王雪纯认为妈妈林如的播音特色是将声音符号变成感情符号，她不强调自己的个性，她强调作品的个性，她会按照作品的内容、风格和作者的意图来播。“她特别善于融入人物，按照演员标准来说的话，就是说她已经进入人物了。我不知道按照播音员的标准应该怎么说，就是觉得她把作者的意图吃得非常透，她一定是事先做了研究，很仔细地看过稿子。我在我看过的或者听过的我妈妈播的东西里，最欣赏她在刘郎导演的电视纪录片里的旁白，刘郎的解说词写得很好，我妈播得也好，我觉得那是她播音生涯的最高峰，作为听众，能体会到她的播法绝对是给纪录片添彩的，贴切雅致、恰如其分。”

四、以德待人处事，谦逊内敛

虹云和姚喜双都认为，林如播音风格的形成与她的性格特点密切相关。

在采访中，虹云这样评价林如的性格特点：“在日常生活中，林如老师含蓄、低调、不张扬。她一生都保持记日记的习惯，当她遇到不愉快的事情，她就以记日记的方法纾解。她虽然言语不多，但是非、爱憎分明，刚正不阿。在待人接物方面也十分清醒，对周围的事物看得很透彻，尤其在大局上不乱阵脚。她仍能始终保持自己的见解和思想。”

虹云还补充说：“她要是喜欢你，她不会在表面上跟你很黏很亲近，说你如何如何好。有一件事情我特别感动，传媒大学其他的一些老师告诉我，后期林如老师每每去学院讲课，一定会提到我，你不知道这对我来说有多么重要，这表明了老师对我的肯定和认可。林如老师也挺有趣的。别人在夸我的爱人能干时，林如老师就说，那也得看我们虹云，我们虹云也挺能干的。通过这些细微的、点点滴滴的事情，我就能知道我在老师的心里是什么样的。我跟林如老师的关系超出了一般的师生关系，亦师亦友，但我们不属于那种很黏的朋友关系，我们的关系更像‘君子之交淡如水’。虽然我的性格和林如老师不一样，我比较外向，也比较热，但是我觉得在骨子里我们还是有相同的东西。随着年龄的增长，在林如老师面前我有一种非常幸福的‘侥幸’。她比我年长 9 岁，资历比我深，

图 5-7：2006 年林如与女儿王雪纯重返莫斯科（王雪纯提供）

是我的探路人，我在各个方面都可以参考她的经验，向她学习。比如遇到业务方面的问题，我会去参考她在同样的情况下是如何解决的。当然我也有责任把林如老师的经验、自己的经验以及其他师兄师姐们的经验整合在一起，不断提升。从人生道路上来说，我也有一种踩着她的脚印走的感觉。”

姚喜双则从林如的成长经历分析了林如“含蓄”的性格特点形成的原因。“从她的经历来说，她是独生女，她的父亲是天津耀华玻璃厂的老板，家庭条件很好，很富有，她在北京一个名为贝满中学的教会学校度过了中学时期，学习英语、钢琴、作文等，教会学校教导她们不要抛头露面，要含蓄，要内在，不能显摆自己，系衣服的扣儿不能凸出来。这样的生活经历给她打下了含蓄淡雅的基础。”

王雪纯说：“当时老 302 聚了一个单位的人，很多播音员都住在一起，那时候就是很多人家共享一个单元，共用同一个厨房、卫生间等等。现在回想起来条件还是很艰苦的，但是氛围很好，大家其乐融融。播音部的叔叔阿姨，有不少都住在隔壁单元，所以下班或者周末的时候，会来我家跟我妈聊天。我妈妈是一个人缘很好的人，她不随便对别人下评论，也不愿意讲人是非，用一个简单的词来说就是她为人比较厚道。她的这种与世无争的性格，让她成了同事、朋友心中可靠、值得信赖的人，所以那时候有很多叔叔阿姨都会来我家和她聊天。”

林如在教育孩子上也很有自己的方法。在学习方面，林如更关注孩子有没有掌握知识，不强求名次和荣誉。王雪纯说道：“我妈妈对我们的教育和现在的家长也非常不同，她对学习成绩不会过于在意，但是对于撒谎、失礼这种事，还是会很认真、很严肃地教导。我小时候犯了这种错，妈妈会很严厉地批评。”

王雪纯说：“妈妈对我和两个姐姐的教育，没有这么多条条框框，也不给太大的压力。她一般很少夸奖我们几个孩子，但如果考试没考好，成绩不理想，她也不会特别严厉，不会责怪。她会说没关系，学会了就行。这是妈妈一向的原则，她给了我们一个宽松的环境去成长，使我们懂得不去追求虚荣。她教育孩子的方式，更多的是言传身教，使我们在耳濡目染中自己觉悟。”

王雪纯还回忆道：“我妈妈退休后主要从事社会活动，还是和原本的专业相关，包括参加朗诵节目。也会带播音主持专业的学生，或去为在校生授课。她自己的业余爱好就是参加欧美同学会的合唱团，也参加电台的退休老同事的合唱团。退休后她参与录制了大量电视纪录片、专题片的解说。比如纪念雷洁琼的专题片，口碑特别好。还有周恩来、老舍等人物的纪录片等等，这些历史人物的后人都感叹妈妈的播音准确而动人。”

林如对待同事也非常友善，助人为乐。林如在干校工作时，带女儿王雪征一起住。王雪征说：“在干校的这段时间，我更多看到的是我妈怎么对待同事。因为在家里时很少看到她跟同事怎么相处，除非同事来家里才能看见。但是她在工作的环境里跟大家怎么相处，这个我在干校才观察得到，是完全在集体里面。我妈对同事都挺好的，比如说我们隔壁的叔叔，他是电视台军事部的，有一次过中秋还是十一国庆节喝多了，还吐了，谁都嫌弃他，没人管他。最后是我妈弄了一堆沙土，把那些呕吐物都扫了，还给他灌水。我觉得我妈还挺会照顾别人的，这是我以前没有看到过的。”

（虹云、姚喜双、王雪征、王雪纯口述）

五、林如的声音

我书案上的笔筒里，一直插着一支林如老师送给我的钢笔，钢笔的牌子是万宝龙。这支万宝龙是老式造型，乌黑的颜色，体量也不小，听人说，万宝龙是钢笔里的顶级品牌，价格很是不菲。儿子给我配了好几瓶万宝龙专用墨水，都很贵。现在写点文字多是用电脑，但因为习惯，有时候我还是用用它，但更多的时候，只是当作观赏品，用多了，舍不得。

一

记得是1980年，我收听中央人民广播电台播送的文学节目《阅读和欣赏》，那一期节目，是赏析明代散文大家张岱的《湖心亭看雪》，赏析部分是林如播音，正文部分是方明朗读，一则婉约，一则豪放，给我留下了十分深刻的印象。两位老师的名字，是早就熟悉的，只是没有见过人，但听完节目，倒让我暗想，我的稿子有没有也能遇到他们二位对播的幸运呢。

1986年，我在青海电视台完成了一部名为《梦界》的稿子，稿子比较长，借着为我执导的另一部片子《羯鼓谣》到北京领星光奖的空档，终于有了请到这两位老师的机会。记得那是盛夏时节，当我在中央电视台老台的录音棚与他们二位初次见面，当时激动的心情可想而知。的确，如果以前只是在广播电视里知道他们或见过他们，而已经有过许多的憧憬乃至崇拜的话，一旦能够面对面地交流，我想，所有的人都会“人同此心”。两位老师十分平易而亲和，我们对《梦界》的稿子做了一番交流之后，很快就熟识了。那一年，林老师刚五十岁，方老师则更年轻，二人都是短袖白衬衫，形象干练，精神焕发。林老师的形象，一看就是很文静很沉着的知识妇女，因为这个稿子是二人对播的，在接下来相互订对的时候，我才发现，他们已经在早几天收到的文稿上画出了许多的重点，有重音的标注，也有断句的横线，密密麻麻的，并且说："你反正在边儿上，有的段落若有什么不合适，咱们就重来一遍。"

录音之前总要调音，方老师先试了一段《梦界》的片前题记——"昔者庄周梦为蝴蝶，栩栩然，蝴蝶也"，听到扬声器里的回放，我顿时感到诧异，诧异这一段《庄子》的名句，变作声音，竟然如此的恢弘大气。每一位编导都知道，同样一个人的文稿，由不同的人来播音，其差异往往有天壤之别。

在此之前，我已经有意识地将有些婉约的段落，分给了林老师。记得播到文稿中描写月下雪原一节时，那些文字经过她的声音，竟然产生了连我自己都没有想到的意境——

"……是无声的雪，是银色的梦。洁净的雪原，令人深思；宁静的星空，引人遐想，那点点闪烁的星斗啊，哪是——深情的牛女，哪是——遥远的天狼？"

林老师的声音，宏厚而醇美，真朴而深沉，她把那一片西部的星空，塑造得那么渺远，那么深邃，让人熨帖，让人神往，连录音师都在外间的操控台上说："林老师播的这一段，实在是太好了。"

二

打从《梦界》开始，我与林如和方明的合作，已经长达三十年。有人问起，你为什么总是和他们合作，我以为，这不是一两句就能说清的。

优秀的电视解说词其实并不是"解说"词，如果认为它只有解说的作用，那就拧了。解说词是一种独特的文体，它不同于散文，不同于诗歌，它有自己的个性。而解说词的播音，又不同于新闻播报与台词朗诵，它也有自己的特质。没有几位编导在撰写文稿的时候不去设想这个文稿请谁播，而且好的播音成品，一定是文稿的风格与播音的风格相得益彰的结果，因为最好的合作，是双方都找到了契合点。因为我的文字，有一些发乎古典的味道——有人戏称为“风骚体”，而两位老师，又都是擅长播诵古典文学作品的，方明的磅礴与飘逸，林如的婉约与典雅，我与他们，或许正好是一种风格的会合。方明的声音大家都熟悉，自不必言，而林如的声音，竟能够一下子让人直接听到心里去，解说词最需要的，就是这一点。当然，他们二位对播音领域的各种类型、各种体裁都能够驾轻就熟，这早已是人所共知的事，就拿林老师来说吧，早年间，她为日本连续剧《阿信》所配的旁白，就曾经称誉一时。

应当说，我的一些习作，之所以有一些影响，是和这两位播音艺术家的再度创作密不可分的，正是因为有了他们的再度创作，一篇原本无声的文字，才有了文本的升华，才有了声音的神韵。

三

早几年，出版过一本姚喜双、苏海珍合著的关于林老师的播音传记《话筒前的人生》，我朋友里的一些热爱林老师播音艺术的人，拿到此书之后，都托我请林老师一一签个名。记得当时林老师还说：“小苏采访我，记性差了，好多事儿都记不准，幸亏我还有多年的日记。”我这才知道，林老师还有这样一个持之以恒的习惯，或是因为排版的关系，书里有几处错字，在签名的时候，林老师都十分细心地将那些错字一一改过来，花了很长的时间。那认真而专注的神态，就像她在录音之前和导演一起核对与勾画那些有疑问的字句一样，真可以让人铭记一生。

演员讲究“默戏”，即上台之前在心里默诵台词，播音则讲究备稿，即在录音之前做好充分的准备。也是前些年，林老师对我说，曾经为一家媒体录了一套有关《诗经》的节目，这着实让我吃了一惊。《诗经》读起来，遍地都是生字，那得查多少次字典呐。

然而，这播音的备稿可不是仅仅查生字、标重音，而是要调动自己的知识储存与情感体验。如果没有在莫斯科广播电台对华广播工作时期看过多场芭蕾舞剧《巴黎圣母院》，那么，林老师在同名节目的解说就不会博得众口一致的称道；如果没有早在中学时期对于古典文学的兴趣，林老师也不会在《阅读和欣赏》的众多节目中，将古典文学的名篇处理得那样得体。《话筒前的人生》用到了林老师早年间在井冈山体验生活时写的一首诗，“群燕常缭绕，松涛伴忠魂；默吟碑文短，蓄意寄情深”，乍看时，我都怀疑这如此工整的诗句是不是她写的，然而，这分明是摘录自林老师的日记。

在广播电视里，人们往往是一听声音，便会认出这就是林如。她的声音之所以富有极高的辨识度，除了音色与音质比较特别之外，更为重要的是，林老师还有她的播音秘诀，这秘诀就是“见物”与“带入”，“见物”，就是看到内容；“带入”，就是带入感情。

她特别讲到过播音艺术家齐越先生对她的影响。齐越先生以为，播音艺术，不仅要“声情并茂”，更要“情声并茂”，而林老师的播音特色正是以情带意，以声动人。不过，在把控哀怨、喜悦或是热烈的情绪时，她却绝不夸张，极有分寸，因为即便很深的情感，有时并不需要剑拔弩张的声音；而静水流深的播音，也藏着很深的技巧。

我曾两次请林老师到浙江录音，记得录完《曹娥的家乡》，我陪她去了一次绍兴的沈园。进入大门，是一面照壁，照壁上便是陆游的那首《钗头凤》。林老师停下脚步，看了许久，然后自己读出声来——她完全是自诵自听，因为当时只有我们两个人。

“红酥手，黄縢酒，满城春色——宫墙柳……”

我在旁边悉心地听着，她的声音并不大，却让我感到了一种笼罩在周身的力量，陆游的词句，就好像从照壁上缓缓走下来，变作了人生的哀乐，诉说着世事的沧桑。

她的女儿，中央电视台的著名主持人王雪纯曾经说，“我妈妈的播音特色，是将声音符号变成感情符号”，这真是再也恰当不过了。的确，播音艺术，其实就是对解说词最好的情感阐释与情感转换，这种转换，可以纤如毫发，也可以大象无形。

四

合作久了，也了解了林老师的一些往事。

林老师 17 岁开始学播音，数十年来，几乎在广播领域所有的节目类型中都留下了十分独特的“林如风格”。但是，林老师自己曾经说，“其实我是小嗓儿，就像出不来声儿似的，可我周围的人都是宽音大嗓，挺有压力的。怎么办呢？只能练气，就是每天晚上在床上平躺着，拿几本大的字典或是《词源》之类的厚书往肚子上一压，练习深呼吸，就像体育锻炼一样。播音其实不是用嗓子，用的是气。”林老师还说过，她生来下齿短，上下八颗牙齿不能完全闭合，所以，“Z”“C”“S”的发音很难发正确，但每天的播音不知道要碰到多少个这些声母拼成的字。20 世纪 50 年代，正是为了解决自身的缺陷问题，她探索出了“字音元素灌满法”和“唇部运动扩展法”，既保持了自己的小音量，又能通过话筒的放大，体现声音的气势与能量。

我常说“刘郎何其有幸”，因为我的稿子，正好赶上了林老师播音艺术炉火纯青的黄金时代。

退休之后，林老师也参加过一些大型朗诵会，我也有幸聆听过她在台上的朗诵。林老师的身材并不高大，甚至可以说还有些柔弱，但是，一旦上得台来，她的气度，她的朗诵，却有着弥漫全场的力量。这时候，整个剧场是针落成雷的安静，唯有她的声音，不断地打动着每一颗谛听的心。诗人席慕蓉十分崇拜叶嘉莹先生，席慕蓉说，叶嘉莹老人看起来并不起眼，但是，她上了讲坛，就不再是那位老人了，讲起古典诗词来，就是一束光。我觉得，即便用席慕蓉的原话，来对照林老师在台上的风采，也是毫不为过的形容。

五

如果说《梦界》是我和林老师的第一次合作，那么，《乡园寻梦》就是我和她合作的最后一部了。据说这也是林老师播音生涯的最后作品。

《乡园寻梦》原是我的一篇乡情散文，是写母子之情的，很纪实，林老师很早就看过，在我的母亲去世之后，出于怀念，做成了片子。

《乡园寻梦》的结尾是这样写的——

“故园的大门是朝南开的，院墙的西面和南面都是胡同，都可通去村东车站的马路，只是西边路短，东边路长。每次回家，我都是从西边回来，恨不得一步到家；而离家的时候，我都要从东街去车站，好让站在门口送我的母亲多看我几眼，多目送一程。在拐弯的时候，我往往回头给娘摆摆手，示意让她快回家，以免我们都掉泪。”

记得录音的时候，林老师念完稿子，低声说，“都把我的眼泪念出来了，这样的稿子，不能再念了”，在场的人，无不动容。大家感动的原因我是知道的，我的文字若是五分的表达，她的声音，则有十分的力量。林老师的声音，独特而优美，深稳而真醇，动人的魅力让人难以言说，非要说的话，那就是：言有尽，意无穷。

林如老师前年去世，我做了一个小视频悼念她，并写了一段悼念语：“我和林老师的交往，已经超过了三十年，合作的作品，大大小小，也已经超过三十部，林老师的远行，让大家无比痛惜。”悼念语后面的片子，便是《乡园寻梦》。

后来，《乡园寻梦》压成了碟片，我给大家签赠碟片的时候，用的就是林老师所送的万宝龙。林老师送我万宝龙，自然是一种友情的纪念，当然也还有一种寄望在里边，寄望我写出更多的作品，拍出更好的片子，所以，我特别地珍爱它。其实，作为一位深受人们敬仰和爱戴的播音艺术家，她的声音，就是留给社会、留给人间的最为珍贵的礼物。

六

过去录音，往往都是利用录音棚晚间的时间，因为这个时段最安静。有时候录音录得晚了，我们送林老师回家，送到之后，夜色里，灯光下，她总是站在楼道的门口，目送我们远去，直到看不见我们，她才回去。

讲究尊重，讲究细节，这大概是上一代人共同的修养与美德。这样的人，或许现在还有，但是，林老师那样的声音，不会再有了。

（作者：刘郎）

第六章

口述沈力——中国荧屏第一人

沈力

（1933—2020）

中国第一位电视播音员、主持人，中央电视台播音指导。

沈力，本名沈立环，1933 年出生，江苏人。1957 年担任中央人民广播电台播音员。1958 年进入北京电视台（中央电视台前身）成为荧屏第一人。1983 年担任中央电视台主持人。1993 年正式离休。

代表性节目有《为您服务》《夕阳红》等。曾任中国电视艺术家协会主持人专业委员会副主任。曾荣获“全国优秀新闻工作者”称号，“金话筒”开拓奖特别金奖，全国播音、主持人杰出贡献奖，第二届“金话筒”特殊荣誉奖，中国电视主持人 25 年杰出贡献大奖。2020 年逝世，享年 87 岁。

改革开放40余年来，那些曾经在各个领域中创造辉煌的经典人物，就像是历史夜空中不灭的星星，熠熠闪光。有着“荧屏第一滴水”之称的沈力于1958年在国内电视台创办之初便走上荧屏，但由于早期电视普及率不高及制作技术局限等原因，其个人的知名度及影响力还相当有限。直到1978年12月党的十一届三中全会召开，迎着改革开放的春风，沈力通过在《为您服务》和《夕阳红》栏目中的突出表现，赢得了广大观众的认可。沈力在取得这些主持成绩时，已经年过五旬，这在当时的播音主持工作岗位上是不多见的，甚至有观众感叹其大器晚成。回望历史，沈力在主持道路上取得的成功不仅离不开其自身的努力，更离不开改革开放这个时代背景，是“时势”成就了她。

沈力的主持风格主要在1982年到1998年期间确立，从时间上可以分成两个阶段：一是1982年至1987年，沈力主持《为您服务》栏目；另一阶段则是1993年至1998年，离休后的沈力重回岗位主持《夕阳红》栏目。这两个阶段看似是分隔的，实则有着一定的延续性。沈力在《为您服务》栏目中开创了自己的主持风格，给受众留下了深刻的印象。正是因为有之前在《为您服务》中的突出表现，并且给观众留下了难以忘怀的印象，台里才会将与《为您服务》栏目风格有些相近的《夕阳红》交给沈力主持。此时沈力60岁的年龄也让她与《夕阳红》的观众形成了一种天然联系，同时，当年《为您服务》的观众中，有很多也正好步入了老年阶段。正因如此，很多观众在《夕阳红》中再次看到沈力时，都感到无比的亲切。

第一节 质朴平易的主持风格

一、《为您服务》确立个人主持风格

1982 年，中央电视台将原来设在播出部的《为您服务》栏目划归专题部，变为固定栏目，任命沈力为组长兼栏目主持人。电视节目专栏化由此起步，沈力也成为中国第一位电视专题栏目主持人，此时的沈力已经年近五旬。沈力主持的《为您服务》创下了辉煌的历史：一个 25 分钟的小节目，开办仅 5 个月就收到了上万封观众来信，这一节目在当时的收视率仅次于《新闻联播》。沈力刚开始接触专栏节目主持人这一工作时时，还并不了解“主持人”的真正含义。起初，她也只是忙于节目的制作根本无暇具体思考，但工作一段时间后，她很快就开始进入了角色，并取得了很好的社会反响。沈力坦言，播音员、编导和记者的经历对她做好主持人这一工作起到了很大的帮助。她尤其强调编导这一经历的锻炼让她获得了飞跃式的成长。综观沈力在《为您服务》栏目中的表现，可以说，初识主持的沈力用很短的时间就抓住了主持的内核，并很快确立了自己的个人风格。此时的沈力，对主持风格已经形成了较为完整的认识。她抓住了主持风格形成的重要前提，即主持人应该能做到真正地“驾驭”节目，做节目的主人。沈力认为，要实现这种“驾驭”，需要做到“四会”——会编，会采，会写，会说。她强调“采编写”并非每个环节都需要主持人亲力亲为，但是主持人一定要做到“懂”和“会”，这样在主持节目时才能真正发挥主导作用，掌控整个节目。沈力不但是这么说的，也是这么做的。

在《为您服务》栏目中，她作为组长和主持人亲自参与到写稿、改稿、策划、选题等多个环节当中，尽管有些子栏目的选题并非每一个均亲自参与拍摄，但她都做到对内容心中有数。这样，她在节目的串联过程中，就能凭借对节目内容的了如指掌，做到更加从容自如并与栏目浑然一体。吴郁曾评价沈力的艺术成就为“起点高”，她认为沈力在《为您服务》栏目中实现了真正意义上的“采、编、播”合一。沈力对栏目掌握着相当大的话语权，因为她不仅仅是这个栏目的主持人，还是这个栏目的管理者，相当于今天的制片人。这样高规格的起步，在播音主持历史上是不多见的。

由于有了播音员、编导和记者经历的铺垫，沈力做好《为您服务》这档栏目的主持人，可以说是顺理成章。这一次沈力重新走到幕前，并不是早期电视播音员的延续，而是经历了 8 年的积累和历练，此时，出现在荧屏上的沈力可以说实现了播音主持艺术的一次质的飞跃。在节目中，确立了质朴、平易近人、真切、知性的主持风格，让人们通过电视荧屏感受到了中国传统知识女性的真善美。此时的沈力，对于主持风格的认识已经更加深入：“主持人应根据栏目或节目内容的需要，拿出自己的见解，根据自己的感受和习惯，讲自己的话，这样才有可能形成自己的风格。”虽然这是沈力第一次接触“主持人”这个称谓，但因为有了长期在广播电视业务方面的经验积累，沈力很快就在节目中形成了自己的风格，并且得到了广大观众的认可。遗憾的是，由于中央电视台当时要设立大型杂志型栏目《九州方圆》,《为您服务》被归并其中。子栏目播出时间的不固定导致观众的大量流失和不满，最终，在观众的强烈要求下，1988 年《为您服务》复播了，但此时沈力已经到了离休的年龄。

纵观 20 世纪 80 年代“主持人”一词的风靡，可以看出主持人职业角色在当时展现出的强大魅力。不过，当时对于主持人和主持人节目的理论研究还较少，实践远远地走在了理论前面。1986 年，北京广播学院新闻研究所《新闻广播电视研究》编辑部在北京举行了关于主持人节目的研讨会。会上有人提出，目前节目主持人太“滥”了，不少播音员、报幕员、司仪等都冠之以主持人称号，这不但没有必要，而且也有损主持人的威望，容易造成混乱。会上还有人谈到节目主持人的个性问题，认为主持人必须保持个人魅力，没有个性的主持人不容易形成权威性，不利于和观众建立密切的感情联系，不能增强节目的说服力。从这次研讨会探讨的内容可以看出，对于主持人的理论研究还处在刚起步的阶段，在“主持人”职业角色的界定上还没能形成统一的规范，在实践中还存在着大量的“滥用”现象。值得注意的是，尽管主持人节目的出现时间并不长，但主持人的个性问题已经开始得到了理论研究者的关注，并且认识到了它的重要作用。尽管在这个研讨会上，还没有进一步形成对主持风格的探讨，但并不是说主持风格不存在，只是主持人理论研究还相对滞后，对于主持风格的系统性认识还没有形成。但不可否认的是，主持个性与主持风格之间存在着紧密的联系。只是主持风格的形成除了有主观因素的参与外，还需要有客观因素的支持。相对于主持人的个性而言，主持风格的研究需要更加广阔的视角，以及对多种因素综合分析的能力。

二、回归主持《夕阳红》栏目

沈力主持《夕阳红》栏目时，已经年近六十。《夕阳红》栏目是一档以老年观众为主要收视群体的节目。沈力可以说是这些观众的同龄人，很多观众都曾关注过沈力早年主持的《为您服务》。“您离休又复出使我们老年人感到无比振奋。每次看到您在电视里出现，我都感到幸福和享受（济南观众张明琴）”，这封来信可以说写出了很多观众的心声。还有一封署名阿春的来信，她说在即将绝望的时刻，又从荧屏上见到了十年前主持

图 6-1：沈力工作照
（图片来源：http://tv.cctv.com/2018/09/11/ARTIxsUxSKbRSGV0reJam1Mk180911.shtml）

《为您服务》节目的沈力，她从“那火一般热情”的眼神里，得到了生存的力量，从那真诚的心灵中吸取了活着的希望。沈力收到这信的时间是 1993 年 10 月底，《夕阳红》栏目开播刚一个月。由此可见，沈力早年在《为您服务》中的主持风格给大家留下了深刻印象，这也为她在《夕阳红》中的主持打下了良好的观众基础。与主持《为您服务》时不同的是，沈力在《夕阳红》栏目中只承担主持人的工作，不再负责整个栏目。尽管如此，她却仍然保持了栏目的“主人翁”意识，她在参与之初，就曾经建言献策，不但设想了《夕阳红》这个节目名称，而且还建议写几句歌词，这些都被领导采纳了。

重回荧屏的沈力在《夕阳红》栏目中专心承担主持工作，这也让她有更多的时间对自己的主持“较真”。审视的角度变化了，沈力又找到了新的乐趣，她充满了创作的冲动，也深感责任之所在。沈力对于自己在《夕阳红》中的主持艺术更加精益求精，主持人用哪种语言，把握什么分寸，用词是否经得起推敲，语法是否符合口语规律，语言是否简练，用语是否礼貌，话语是否流畅并符合自己的年龄与身份，是否言之有物……关于主持的每一个小细节，她都会去关注。沈力说，一辈子习惯了，“像着了魔似的”，说什么词脑子都在转、在斟酌，这是一种磨炼，也是一种追求。

此时的沈力对于主持风格的认识更为深刻全面了，在自述中她是这样看待主持个性的：“主持人应该有个性化的语言。因为主持人是以真实的个人身份出现在观众面前，并与之进行直接的、面对面的交流的，而这种交流更多的是通过主持人的意向、认识、感受和语言来完成的……另外，主持人的个性色彩应该和他所主持的栏目风格相一致，这样才能起到相辅相成的作用，才能融为一体。”沈力对于主持风格的梳理，抓住了主持传播的人际传播特色，意识到主持过程是一场以“个人身份”面对观众的人际互动。个性化的语言是主持风格的重要内核。同时她还关注到了主持传播的节目语境，认为主持风格不能脱离栏目风格的语境。

值得注意的是，从《为您服务》到《夕阳红》栏目，时间上存在一个

图 6-2：沈力主持《夕阳红》（吴倩提供）

断档，即1988年至1993年沈力的离休生活。事实上，这一阶段的沈力处于“离休不离岗”状态。沈力认为，由于没有栏目的局限，她有更多的机会接触其他类型的节目主持实践，创作空间更加广阔。这一阶段她所主持的节目类型不仅包括专题节目，还有智力竞赛以及文艺专场演出等等。此外，其间一些讲课和当评委的经历让她有机会能够更好地梳理和总结自己的实践经验成果，为后来的主持工作打下了良好的基础。因此，中间这5年的“离休不离岗”生活在《为您服务》和《夕阳红》栏目之间做了有效衔接，让沈力的主持艺术得到了一以贯之的发展，同样也是其个人主持风格走向成熟的重要过程。

第二节 整体把握，全身心投入节目制作

一、改革开放为广播电视事业发展带来新契机

我国的广播电视事业作为党和政府的喉舌，政治生态的变化直接影响着广播电视的行业发展。广播电视的发展不是一帆风顺的，发展的过程中不可避免地遭遇了一些困境。这种现象随着1978年党的十一届三中全会的召开得到好转，广播电视宣传重点从相对单一和枯燥的主题转向了对社会主义经济建设进行报道。此时，在《文化生活》栏目做编导的沈力，从新的发展局面中找到了很多值得报道的选题，侧面反映了改革开放给人

民生活带来的改变。同时，她让很多经典的音乐作品重新回到人们的视线，实现了一种文化的回归。思想观念的进一步解放，一方面让广播电视工作者的主观能动性有机会充分发挥；另一方面，他们也能有更多的精力投入到广播电视事业中来。

随着政治生态逐渐走向风清气正，广播电视长期以来居高临下的宣传口吻也呈现出一定程度的改观。特殊时期"高平空、冷僵远"的播音方式引起了播音工作者的反思，大家认识到这种"喊叫式"的播音没有思想，情感冷漠，千篇一律，播音员已经完全沦为了传声筒，毫无创作性可言。随后，播音降调问题被鲜明地提了出来。遗憾的是，由于长期播音习惯的养成，以及对降调的内涵理解不够深入，广播电视播音的降调并没能在短期内普遍实现。1981 年 8 月中央广播事业局召开了全国播音经验交流会。会上重点讨论了新闻播音存在的问题，要求播音员在稿件内容上下功夫，打破播音腔，使语言口语化、生活化，克服以教育者自居的思想，满腔热情为听众服务。尽管会议中主要对广播的新闻播音提出了具体要求，但有着"政治风向标"之说的新闻播音语态的改变，向整个播音界释放了重要的信号。20 世纪 80 年代初，广播电视史上迎来了主持人职业的开端，一些主持人亲切、平易近人的交流方式让大众感到清风扑面，此时沈力主持的《为您服务》同中央电台徐曼主持的《空中之友》、广东电台李一萍主持的《大众信箱》成为其中的杰出代表。她们不仅在节目主持过程中融入了真挚的感情，而且在一定程度上展示了自己的个性。这样的业务突破在播音主持历史上是具有里程碑意义的。

二、方针政策的指引促进了主持人节目的发展

在党的十一届三中全会精神指引下，1979 年 8 月，第一次全国电视

节目会议在北京召开，会议议程主要包括：丰富和改进电视节目内容，大力发展自办节目；讨论如何加强全国电视台之间的协作、交流与节目交换等。1980年，全国广播事业规划会议和第十次全国广播工作会议先后召开，前者做出了优先发展电视事业的方针部署，后者提出广播电视宣传要坚持“自己走路”的方针。由此，我国的电视事业逐渐进入高速发展时期，电视节目类型增多，节目质量相较以往也有了质的提高。以央视《新闻联播》为例，它每条新闻的时长缩短至3分钟左右，新闻的及时性也大大增强。考虑到受众的需要，从1980年7月7日开始，在《新闻联播》中开始播送中央气象台发布的天气预报。正是由于有了有力的政策方针指引，这样大胆的节目形式探索才得以出现。此外，1983年1月1日，由沈力主持的《为您服务》也是在此阶段应运而生的，它开启了电视栏目主持人的新时代。《为您服务》栏目是在原有节目基础上进行充实和调整的，之所以选择沈力作为主持人，领导们也是有所考量的。本着坚持“自己走路”的方针，领导们下定决心要把《为您服务》办好，沈力的工作经历、业务能力正是他们所看重的。因此，他们不仅让沈力来亲自主持这档栏目，还让她做这个栏目的负责人。可以说，沈力的主持生涯有很高的起点，在同一时期的主持人栏目中是不多见的。这是在方针政策支持下，沈力获得的人生机遇和挑战。1992年，邓小平南方谈话之后，改革开放进入新阶段，我国的电视事业也走上了高速发展的快车道。仅1992年到1995年间，中央电视台就增加了5个频道：1992年10月1日，第四套国际频道开播；1995年1月1日，第五套体育频道正式播出；1995年11月30日，第三套文艺频道、第六套电影频道和第七套少儿·军事·科技·农业综合频道试播。随着改革开放政策进一步走向深入，生活水平的不断提高，人民群众对于电视内容有了更丰富的要求，一批对象化的电视栏目兴起。沈力主持的《夕阳红》栏目就是其中之一。不得不说，是历史的机遇赋予了沈力再创主持辉煌的机会。作为这一代老年人的同龄人和资深节目主持人，沈力在主持这档栏目时展示出得天独厚的优势。

三、传媒技术创新为电视栏目保驾护航

彩色电视的播出，客观上提升了电视栏目的视觉审美效果。1973 年 5 月 1 日，北京电视台正式宣布彩电试播，随后上海、天津、成都也开始了彩电试播。彩色电视的诞生，与党和国家领导人的长期关注密不可分。尽管在 1974 年 10 月，北京电视台的彩色电视开始正式播出，但它的效果其实是非常有限的。一方面，因为当时电视栏目内容本身非常单调，另一方面，人们购买力有限，全国拥有彩色电视机的家庭数量有限。据统计，直到 1979 年底，全国电视播出的覆盖率仅为 40% 多，电视机只

图 6-3：沈力工作照
（图片来源：http://baijiahao.baidu.com/s?id=1680496534890242768&wfr=spider&for=pc）

有800万台。据1988年1月公布的数字，全国有电视机11200万台，其中彩色电视机约占25%。由此可见，直到1988年，彩色电视机在全国也没达到普及的程度。但值得注意的是，20世纪80年代初，中央已把中央电视台彩色电视中心列为“六五”期间的重点工程。同期，北京电视机厂与日本松下合作，引进了彩色电视机生产线，推出价格较为低廉的国产牡丹牌彩色电视机，这也是邓小平1978年访问日本的一个成果。中央对于彩色电视技术的重视，客观上为后来的电视栏目创造了良好的播出条件。20世纪80年代沈力主持的《为您服务》，以及90年代主持的《夕阳红》已经全部是以彩色电视信号播出。

卫星电视和有线电视技术提高了电视画面质量，扩大了电视栏目影响力。我国的电视事业起点低，起步晚，再加上一度受到干扰破坏，20世纪80年代之前，电视技术水准长期处于徘徊不前的状态，陈旧的技术设备更是不能满足人民日益增长的电视需求。很多地方反馈接收不到或者是看不清电视。1985年10月，中央电视台开始租用国际通信卫星向全国传送第一套节目，解决了之前电视传输信号不畅等问题，提升了用户的收视体验。此后，通信卫星传送电视节目的数量逐渐增加。相比之下，有线电视在我国发展的速度之快更是令人惊讶。截至1995年底，全国经广播电视行政管理部门同意建立的有线电视台已有1200座，有线用户达3000多万。有线电视技术的发展，进一步扩大了中央电视台电视节目的覆盖面，全国各地观众不仅可以看到更多的电视频道，同时也感受到了电视画质的改善。电视传播技术的改进，极大拓展了央视传播平台的栏目影响力。尽管地方频道的加入，增加了受众的观看选择，但央视在员工规模、业务素质、设备水平、信息资源、行业理念等方面得天独厚的优势，使它的电视节目表现出了强大的竞争力。因此，沈力主持的栏目在与全国同类栏目的竞争中，仍然获得了更高的社会认可度。与之形

图 6-4：沈力工作照（图片来源：http://news.sina.com.cn/o/2020-07-29/doc-iivhvpwx8012830.shtml）

成反差的是，沈力 1958 年开始担任电视播音员出镜的八年时间，由于经济和传播技术的局限，那时的节目影响力其实是相当有限的。主持风格的形成离不开传播语境，它需要接受大众的反馈，受众越广，反馈越多，越有助于客观地认识风格。因此，相对于早期播音风格而言，沈力的主持风格更为大众所熟知。

四、经济保障下灵活的栏目管理为主持风格形成提供内在支持

1978 年，在改革开放浪潮的推动下，中国传媒业迎来了一次重要的变革——“事业单位企业化管理”。这一模式率先在新闻出版业中推广开来，同时向相关行业领域渗透。市场化的管理模式赋予栏目制作更多的发展创新空间，为栏目的制作奠定了一定经济基础。1979 年 1 月 28 日，上海电视台播出了第一条长达 15 分钟的国内商业广告“参桂补酒”，并且先后播出了 8 次，在国内外产生了重大的影响。电视台播出广告一方面是为了解决自身的财政困境，另一方面是改革开放的战略实施为这样的

经营理念提供了背景支持。时任上海电视台负责人的邹凡扬和广告科科长汪志诚回忆:“我想来想去，还是决定要做广告。我们当时穷到了什么程度。1979 年，我们全年经费是 190 万元，190 万元是什么概念？当时有一部电影《大江东去》，有 250 万元的预算……组织演员来参加演出，一餐饭几毛钱都付不出来，也不能报销。”最终，倒逼形势下电视台可以播出广告这一模式得到了国家的政策支持。在《夕阳红》栏目中，沈力虽然只是承担主持人这一职业角色，但此时灵活的栏目管理模式，同样为她的主持风格展现提供了内在的动力支持。20 世纪 90 年代，电视事业在社会主义精神文明建设和广大人民群众生活中彰显出重要作用，为了进一步挖掘中央电视台的自我发展潜力，国家采取了一系列经济政策倾斜措施并给予了有力的支持。从 1991 年起，中央电视台的财务管理进入“预算包干”期，1993 年开播的《夕阳红》栏目成为财务管理改革后的第一批经费包干栏目。该栏目是中央电视台联合国务院发展研究中心、管理世界杂志社创办的栏目，将栏目广告费用于节目制作支出，实现了以栏目养栏目，依靠社会力量办电视的改革尝试获得成功。得到民间财政支持的《夕阳红》栏目的“受众本位”理念更加突出，节目样态更加灵活。其中，周日版的特别栏目《夕阳红小戏台》以及《万里夕阳红》都是考虑到老年观众的需要，为增加节目的吸引力而专门设立的。沈力表示，在《夕阳红》栏目不拘一格的表现形式中，自己的主持能力得到了更加全面的展示。从影像资料中也能看出，这一时期沈力的主持不仅有演播室内的，还有户外的，既有娱乐竞赛型主持，也有专门的采访谈话类节目，主持形式可谓是丰富多彩。尽管在此时全国已涌现出很多有影响力的主持人，但作为对象型栏目主持，沈力的主持风格仍然深得老年观众的喜爱，《夕阳红》栏目也成了老年人的知心朋友。

1983 年 3 月，第十一次全国广播电视工作会议突破中央和省级广电机构两级办电视的局限，制定了中央、省、地、县“四级办广播电视，四级混合覆盖”的方针，其后五年是我国广播电视有史以来发展最快的时期。在这一方针的支持下，中央和地方创办节目的热情受到了激发与鼓舞。在“四级办台”的头几年，中央和地方给广播电视部门的经费约20亿元，其中地方经费占四分之三。尽管相对于中央，地方电视台在财政上获得了更多的支持，但在当时的社会条件下，中央电视台还是得到了一定程度上的鼓舞和经济支持。管理的核心在于合理地使用资源，优秀的电视栏目管理不仅能够提高节目制作和运行的效率，还能够尽可能让每个环节的工作者的能力得到最大程度的发挥。20世纪80年代，沈力主持《为您服务》栏目时，当时的中央电视台还实行着传统的科组长管理制，即台长—中心主任—频道负责人—部门主任—科组长—节目编导。沈力当时被任命为组长，与当下的制片人身份接近，但仍然存在区别。通过对比下表，不难发现，二者在具体节目制作过程中的参与和支配权接近，而在人员、财务的管理权限上差异较大。尽管如此，从身份上来看，组长兼主持的沈力在节目的制作上具有相当大的话语权。组长的职位保证了沈力在主持过程中的创作和想法能够更多地得以实现，同时，这一职位也让她有了宏观把握全局的视角。吴郁教授认为，沈力的主持起点是高的。这样的起点在当时是不多见的。20世纪80年代的主持人，大多只负责主持这一环节，对于节目制作其他环节的参与是非常有限的，偶尔会有主持人参与编辑稿件，但也并非每期都坚持。沈力则是全程掌握节目进度，尽可能深入每一个制作环节，对每期播出的栏目内容了如指掌。沈力表示，这样的经历让她在镜头前的播讲更加胸有成竹。此时的她，不是在念稿，而是发自真心地向观众做介绍。从节目审查环节来看，领导给予沈力极大的信任，她的节目成为免审节目。沈力感到，领导的信任与支持给了她探索的空间。《为您服务》栏目比较完整地体现了她的个人意志和品格。

职权范围类别	制片人	科组长
目标	具体、系统	具体但不系统
承担风险	大	一般
岗位产生途径	招聘权	行政分配
经费来源	自主权	财政拨款
人员调配权	有	无
经济支配权	有	无

五、国内传媒理论发展助力沈力主持风格形成

20世纪80年代，当沈力第一次以主持人身份出现在我国电视荧屏时，西方的电视节目主持人历程已走过30年，正值兴盛时期。此时，西方的明星节目主持人大量涌现，主持风格百花齐放。伴随着改革开放的步伐，“主持人”这一舶来词和西方的传播理论一起来到中国。有观点认为，西方的传播理论发展为西方节目主持人的诞生提供了理论依据。然而，当电视台领导提出让沈力来做主持人时，沈力对这个角色称谓还很陌生，更不用说相关理论的了解。最初，她是通过字典来了解主持一词的含义的。可以说，沈力最初的主持实践并没有得到相关的理论帮助，与此同时，国内广播电视传播的相关研究已经开始逐渐走向正轨。1978年改革开放以来，受众调研的规模大大扩大，受众工作的指导思想、工作内容和工作方法有很大改进、提高、创新。1982年4月，北京广播学院参加北京新闻学会受众调查组（组长陈崇山），首次用电子计算机抽选样本对报纸、广播、电视的传播效果做综合考察，并首次用电子计算机统计分析受众调查数据。1983年9月20日，中央电视台专题部《为您服

务》组在北京专门召开了一次专题研讨会，邀请了中央新影厂，北京市服装研究所，旅游杂志社，商业部，《北京晚报》，北京市第一、第二轻工业局，北京市科协，《轻工与生活》杂志社，中华书局，社会科学院，北大中文系的代表参加。从参会人员构成来看，这次研讨会由学界和业界的人员参与。但从人员比例来看，能明显看出学界只占参与者的一小部分。从专业身份来看，他们更多来自社会文化界的视角。在这次研讨会上，并没有来自新闻传播理论方面的支持。因此，讨论内容主要是围绕社会文化层面探讨了栏目选题、形式、目的和社会影响等方面的内容，并没有专门针对节目主持人角色的理论探讨。

20 世纪 80 年代至 90 年代，正值改革开放的初期，我国的电视受众正处于转型时期。沈力在这个阶段主持的两档名牌栏目，之所以能够取得如此之大的社会影响力，是因为其对于受众需求有充分的认识和思考。俞虹在《电视受众社会阶层研究》一书中采用“三分法”，按照占有资源的比例不同将电视受众划分为三部分：强势集团，这一群体以充分拥有组织资源和文化资源的国家、社会高层管理者，以及充分占有经济资源的企业主为代表；中间阶层，这一群体主要表现为在组织资源、文化资源或经济资源方面占有一定优势的国家、社会管理者及私营企业主；弱势群体，即几乎不占有三大资源的社会个体，如产业工人、农业劳动者、无业人员等。改革开放以前，我国的电视宣传主要以“政治宣传”为主，是以传者为中心的宣传模式，电视几乎沦为强势集团的宣传工具，中间阶层和弱势群体对电视传播的影响微乎其微。沈力主持的《为您服务》在 1983 年初正式开播，此时，中国的电视正在经历由“传者中心”向“受者中心”转型的阶段，这一栏目的出现本身就是“受者中心”的体现，媒体的决策者们关注到了社会变革下人民群众的生活需要和情感诉求的变化。从受众定位来看，《为您服务》回归平民视角，中间阶层和弱势群体成为栏目的主要服务对象。20 世纪 90 年代中后期，伴随着不同群体的出现、分众传播时代的到来，对节目风格与主持人语言表达的个性化、多样化的追求越趋明显。沈力主持的《夕阳红》栏目就是这一时期的典型代表，该栏目的受众主要以中国社会日趋庞大的老年群体为收视主体，重点关注老年群体老有所乐、老有所为、老有所学、老有所养的晚年生活。《夕阳红》栏目的开播距离中国正式进入老龄化社会还有七年时间，这一栏目的设立在当时是具有前瞻性的。

栏目对象的改变伴随着审美需求的变迁，从 20 世纪 80 年代初到 90 年代末，沈力的主持风格接受着来自受众审美需求的考验。这种审美需求包含三方面的内容。

第一，形象期待。20 世纪 80 年代初，《为您服务》的受众主要为最广大的人民群众，他们刚刚经受过各种政治运动的考验，可谓是身心疲惫。改革开放之初，人民群众的肉体和精神正处于康复期。他们内心正呼唤一种具有“治愈”作用的形象，给他们以最大的心灵慰藉与安抚。此时的荧屏形象实现“治愈”的前提则首先是取得人们的信任。在受众期待和召唤下，沈力以质朴、平易、真切、知性的主持风格满足了观众心中的形象期待。这一时期沈力的风格印象，主要表现出“自己人”的特点，即人民群众中的普通一员。20 世纪 90 年代的《夕阳红》栏目是当时全国开设的、为数不多的专门针对老年人群的节目，老年观众对此给予了极大的期待。这一时期的老年人离开了工作岗位，离开了熟悉的集体，重新回到社会和家庭中来。他们内心渴望交流，需要来自社会的精神支持和帮助。除了对主持形象亲切、平和的期待，他们更期待一种身份认同。中央电视台的领导们解读了老年观众的内心诉求，并没有从现有的优秀年轻主持人中选择，而最终邀请已经离休五年的沈力重新出山。事实证明，这是一个明智的决策。沈力作为跟老年群体一辈的同龄人，相比其他的年轻主持人能让观众感到更多的身份认同感，再加上《为您服务》时期曾打下的观众基础，沈力在荧屏上一出现，就赢得了观众的好感。这一时期，沈力的风格印象则更多表现出老年人的“代言人”这一特点，荧屏形象也为广大老年朋友称道。

第二，情感需要。栏目受众在与主持人的情感互动中获得更加真切的风格感知，每一种风格背后都凝结着情感诉求的满足。在《为您服务》中，沈力在观众来信中看到了噪声污染、伪劣产品等问题给他们带去的苦恼，她总能感同身受，想方设法帮观众解决问题。随着事件的一个个解决，观众的焦灼情绪也得到排解，她也因此获得了观众的情感认同。在主持老年人节目中，沈力更多表现为对老年人的情感关怀与体谅。节目中谈到某些老年人的怪脾气，沈力绝不会用批评和否定的口吻去谈论，而是从关爱老年人身体健康角度出发，帮助老年人从“情绪病”中发现身体问题。在主持老年人的文体竞技活动时，她从不忘记关照参赛者的心情，很少去强调比赛结果。当老年人们有出色表现时，她又能给予由衷的赞美和欣赏。在情感互动中，观众们能够明显地感受到沈力那颗真诚、炽热的心。情感的纽带紧紧地把沈力和观众联系在一起，风格印象融合于直接的情感体验之中。

第三，价值认同。主持人在传播中以独特的个体形象出现，观众对于其形象的认可本身就包含着主观的价值认同。在观众的眼中，沈力的主持风格实现了真善美的统一。这一评价的背后是对沈力的审美观念和生活理念的价值认同。20 世纪 80 年代，沈力率先选择把时装模特、服装搭配等与美有关的知识介绍给观众，其中就有她审美观念的渗透。当观众被众多这样的节目内容所吸引，主持人和观众之间就逐渐形成了一种审美认同。事实上，主持人在很多细节上都展现出自己的审美观念，比如服饰、妆容等等。沈力选择主持服装的标准就是在大众审美的基础上融入自己的审美观念。在生活理念上，沈力善于从大众中学习、借鉴和吸收，再通过节目来展示生活的真谛。沈力意识到自己对生活的认识不足，所以曾在多种场合下，表示过“向观众学习，拜他们为师”的想法。客观地说，受众和沈力之间价值认同的达成，并非沈力一味地迎合，而是双方互相选择判断的过程。

随着主持人节目的社会影响力不断增强，主持人的相关理论研究开始萌芽，由学界业界共同参与的专门针对主持人业务的研讨开始增加。1984 年，沈力曾专门和北京广播学院的教师陆锡初探讨过主持个性的问题。由于广播电视事业发展长期受限，彻底解放思想还需要一个过程。因此，面对这一问题，沈力内心还存在困惑，迫切希望得到来自理论界的指导与支持。主持实践的发展倒逼主持人理论的研究进程，1986 年，北京广播学院新闻研究所专门主办了主持人理论研讨会。与会成员由一线节目主持人、电台和电视台领导，以及相关研究单位的教师、理论研究者共二十余人构成。本次会议上探讨了不少主持人理论的核心问题，如节目主持人的定义、地位和作用，以及主持艺术实践中的相关问题，如主持与表演的关系，主持人的个性、素质问题等。尽管这次会议暴露出不少主持人理论研究的薄弱环节，但对于主持人理论体系的形成仍然具有重要意义。随后，主持人大赛的举行、主持人课程的设立、学术论文评奖等一系列活动都为主持人事业的健康发展提供了重要支持。为了能够更好地推动主持人相关理论的研究工作，1990 年 1 月 20 日，包括沈力在内的 12 位发起人共同发出了《发起成立主持人节目研究会的倡议书》，同年 6 月，主持人节目研究会正式成立。研究会的成立，为沈力等一线主持人和学界研究者搭建了一个良好的沟通交流平台，这样的形式既促进了沈力对于业务的思考，也令她有更多机会分享自己对主持的实践与思考。

沈力作为在中国播音历史上的标杆性人物，她的成功伴随着我国改革开放后电视事业的腾飞。电视事业中“改革”基因的植入重新让她获得了强大的生命力，沈力作为早期电视人中的重要一员，凭借积极向上的进取精神以及兢兢业业的工作态度，不负时代所托，成了主持事业的探索先锋。

第三节 真情实感成就沈力风格

沈力被誉为“中国荧屏第一人”，是我国老一辈电视工作者中的杰出代表。25 岁时步入荧幕，她成为中国第一位电视播音员，与中国电视共成长，是中国电视播音的开拓者。

沈力文雅端庄的形象、亲切自然的风格给观众留下了深刻印象。《为您服务》节目中的沈力，让人感觉就像是一位早已熟悉、知识渊博的老相识，坐在一起谈天说地。沈力的个人魅力给观众带来全新的感受，让人产生信任感，沈力的语言高度凝练，没有多余的话语，庄重大方。

沈力面对观众时从不粉饰自己，视观众为朋友，用真挚的情感联结观众，平等对待，相互尊重和信任是沈力一贯的作风。1982 年沈力主持《为您服务》节目，这是中国第一个固定专栏节目。改革开放以后，这么一档生活化的节目就像徐徐清风吹入了千家万户。沈力老师的主持风格让她成了“贤惠主妇”“知心大姐”！

在采访中，中华女子学院的吴倩老师首先问及沈力如何看待自己的播音风格以及对现今的一些主持人努力凸显自己个性的看法。在沈力看来，她从来没有想凸显自己的个性，她的播音风格也不是她自己设计的，而是她自己真情实感的流露，是她在工作中不断体会、不断探索之后逐渐形成的。进而，她总结道，播音员、主持人不是自己想要什么风格就有什么风格，自己设计什么风格就是什么风格；播音员、主持人风格的形成也与其本人的成长环境、经历、性格特点等因素密切相关；播音员、主持人的学识和素养都会通过语言表达体现出来。她认为自己柔弱的性格特点的形成与她的家庭教育有关。“后来我就想，家庭对我产生了什么影响？我总结了三点影响，共24个字：第一点是知足常乐，能忍自安。这是我母亲常说的一句话，我性格之所以柔弱与母亲对我这样的教育有关。第二点是比上不足，比下有余。我觉得一个人生活在集体当中，总要和别人进行比较，但是要看怎么比，用什么尺度来比。我从来不往上比，比上不足，比下有余，也是一种阿Q精神，一种自我安慰。我觉得一个人要是知足的话，就能够没有烦恼，永远是快乐的。最后一点是己所不欲，勿施于人。这一点是我姥姥对我的影响。我姥姥信佛，经常念经。我想来想去，家庭教育对我的这几点影响，对我一生都是非常有益的。我性格的形成和做人的准则都包含在这里面了。”

沈力16岁时，便离开学校，入伍参加了解放军的文工团，当了八年的文艺兵。她说，部队的生活对她人生观、劳动观、群众观的形成产生了重要的影响，在部队的锻炼是对一个人体能、意志、毅力、品格等方方面面的锻炼。在部队时，沈力也练过声，有一定的播音基础。“数枣，一个枣、两个枣……天天数。有时候，在大海边上练声，出去演出时，也会练声。我们团部坐火车去苏联演出，我负责用喇叭通知各个车厢消息。”

1957年沈力由部队转业考入了中央人民广播电台播音组。在采访中，

图 6-5：沈力工作照（吴倩提供）

沈力讲述了她选择进入播音行业的经过。“在部队时，蓝倩原来和我在一个声部，后来她比我早调到了广播局，她建议我可以试下广播工作。因为那个时候除了特殊工种，各个单位不招人，她说让我去播音组试试。我当时就想，不上学了就得找工作，但我也不知道播音主持是干什么的，那个时候对电台、播音没有什么了解，也不知道播音员是干什么的，因为我们参军以后，很少能听见大喇叭、听见播音，我就懵懵懂懂地去，去了就被选上了。所以我说我这一辈子机遇还可以，那个时候我也没想过我想做什么工作，我喜欢什么，我一定要什么，那个年代的人没那么复杂，都很简单。”沈力还补充说：“那个年代的大部分人都是这样，你要考虑我们这代人的大环境和我们所受的教育。那个时候我们受的教育要求我们不允许有私心，要服从领导的安排，个人的一切要服从党的安排。所以我主持《夕阳红》的时候就说，我们这一代真的是很有信仰的一代人，把自己的青春都奉献给了祖国，从来不讲价钱，能吃苦，能受累。”

1958 年沈力调至北京电视台，开始探索电视事业。沈力回忆了自己刚进入电视台的经历和电视台的初步发展：“到了电视台以后，跟着张家声老师学过一段时间。赵忠祥、吕大渝他们俩跟张老师学习的时间长，因为我那时候有孩子了就没坚持跟张老师学多久，后来就自己探索。六十年代初是我国电视台发展的一个起步阶段，节目的种类开始丰富起来了：关于国际新闻、国际知识的节目主要是念稿子；文艺节目是专题的大型的节目；再一个是舞剧的转播。”

在赵忠祥、吕大渝没有来北京电视台工作之前，只有沈力一人担任新闻播报的工作。在采访中，沈力详细介绍了当时新闻播报的情况：“之前 16 毫米的片子不能洗印，只能是图片报道、图片新闻。16 毫米可以洗片子了，就有了电视新闻。《简明新闻》是在每天《新闻联播》结束时播 5 分钟，这时播音员就出面播新闻了，不是画外音了。新闻稿是电台的联播组提供的，将《新闻联播》的内容浓缩成 5 分钟。我们得自己去四楼取，然后交给台长审，审完了以后，最后由我们播出。播出时一字不敢改，也不能改，也没有那个水平去改，所以就是照着播。然后，就是每天下午 3 点钟以后配片子，配完片子以后，也要拿给台长审。在台长审的时候，我记一遍画面。之后，我就一直看稿子、画稿子，一直准备到晚上。到电影节目了，我才能吃饭。基本上是这样的流程，时间很紧张。我还记得，那时候还有国际新闻、电视新闻、短的纪录片。那时候播音室的条件也很艰苦。在 60 平方米的演播室吊了一个话筒，唯一能看到屏幕的是导演间，我是隔着那个大玻璃看里头的画面。演播室只能坐下两个导演，一个音响师，很小的一个窄条。我就站在他们的外头。没有桌子，没有椅子。拿一摞稿子，怕稿子出声，事先都得弄得特别整齐，一张一张的。搬一个椅子，把稿子放在椅子上，如果来不及搬椅子，就往地下扔。”

沈力作为第一位电视播音员，没有前人的经验可以借鉴和学习，只能自己不断探索，不断钻研。她说：“我要求我自己，不懂的东西要学，不知道的东西尽可能地去了解，了解的基础上我再去说，就跟完全不了解不一样，不会说错话。那个时候，我是尽量这么要求自己，尽量努力这么去做……我就是边做边总结，边实践边总结，我觉得在电视台，我一直处于探索的状态。做电视播音员需要探索，我没学过编辑，我就跟老同志学，做主持人那更得学，更得探索。”她还回忆：“在播新闻的过程中，我就思考电视播报和普通播报有什么不一样的地方，我就想到电视播报是面对观众的，是有图像的。当时我就是这样一个特别简单的想法，后来我都觉得我自己特笨。什么时候抬头跟观众交流？在重点重音的时候抬头，不是随便抬头。比方说‘天气很好’这句话里‘好’是重点，是逻辑重音。怎么播新闻，怎么面对观众，什么时候跟观众交流，什么时候去看观众，这些都需要去探索。”

介绍《梁祝》小提琴协奏曲、毛主席的诗词是沈力初期参与主持的文艺节目。沈力说：“介绍毛主席的诗词融合了很多艺术形式，有电影片段、主持人的串联词、节目表演、朗诵等。主持人在节目中串联，要融入这个节目当中，发挥承上启下的作用，不能游离在节目之外。比方说，有一个介绍朝鲜的舞蹈，它的拍子是‘哒——哒——哒——’。我入画的时候，要根据它的节拍，不能打乱了它。这都是当时探索出来的。”沈力也主持过一段时间少儿节目，后来吕大渝来了以后，因为她年龄比较小更适合少儿节目，少儿节目转由她播。沈力说她什么类型的节目都尝试过，希望自己可以多体验：“我记得那时候有个叫古清（音）的导演制作了一个节目，我在里面扮演老太太，我还留了一张剧照。”

沈力刚进入播音主持这个行业时，基本上都是按照编辑的思路去讲，熟悉节目的模式和内容之后，她便有了一定自由发挥的空间了。沈力说：“那个时候节目比较简单，基本上就是先报一下‘今天有什么什么节目’，有的节目开始前解释一下内容。比方说报纪录片，纪录片的内容要大概介绍一下。我尽量把内容记下来自己复述。基本上是按稿子说，不做修改。20 世纪 60 年代以后，除了新闻不敢自己随意发挥，一般的节目我倒是敢自己发挥。比方说，在生活节目里，告诉听众冬天怎么储存大白菜，那我就记几个要点。”在采访中，吴倩老师认为沈力主持的这个生活节目有点类似《为您服务》的模式了。沈力回答：“这个稿子的内容是编辑写的，我只是一种复述，但不是只背台词。在理解的基础上把台词讲出来，这就是复述。现在回过头来看，那是一个初步的探索。实际上是在‘说’，但是说的基本上还是编辑的话，我觉得跟主持人不一样。”

在沈力看来，节目里有主持人自己的观点和想法，才算真正的主持人。沈力以她主持《为您服务》和《夕阳红》的经历为例，阐释了她对主持人的理解：“我后期主持《为您服务》的时候，我可以对编辑的话进行修改。有的节目的整个结构，我可以全部做调整。《夕阳红》里的很多编导都是年轻人，他们对我都很尊重，我也尊重他们。他们的稿子，我也可以改。我有什么想法就和他们商量，这种交流很默契了。有的时候给我派一个摄像师就去录节目了，因为我在《为您服务》里当过编辑，我知道节目怎么做，就自己去发挥了。这种情况很多，有的节目我看了提纲和稿件以后决定中间怎么串联。有时候采访人物，编辑把题目列出来了，为什么在这里提问，应该怎么说这个话，我得尽可能地做一些了解，尽可能地根据自己的感受去提问题。我从来没有和编辑发生过矛盾。有的时候，整个节目我推翻了重新设计，编辑也没有意见，我们就是这样合作的。这样做就是为了让节目的收视率更高，让观众更好地理解这个节目。”

1983 年元旦，《为您服务》栏目正式开播。沈力成为中国第一位电视节目主持人。自1983年开播至1987年并入《九州方圆》，《为您服务》历时4年多，其收视率仅次于《新闻联播》，观众称之为“生活的百科全书”“信得过的栏目”等。但正当这个栏目做得风生水起的时候，电视台决定将之并入《九州方圆》，这令很多人感到疑惑。在采访中，吴倩问起沈力节目合并的原因时，沈力这样说道：“那是台里的决定。当时也是因循着老路子，台里安排了新节目，该改革了我就改革。《九州方圆》播了将近一年。后来观众不满意了，说找不着《为您服务》了，就又恢复了。再恢复的时候，我就快到退休点了，我就没有再出（图像）了。我当时也没有提出自己的看法，也没有向台里争取不合并。那个时候没那种意识，台里让干什么就干什么。”

1993年，沈力从中央电视台离休，电视台又返聘她回去主持《夕阳红》节目。此节目的受众群体主要是老年人观众。沈力说：“《夕阳红》里采访了这么多老同志，各行各业的都有，老有所为，老有所乐。和他们接触多了以后，就觉得老同志是一本厚厚的书。他们的思想境界、学习精神、乐观精神一直萦绕在我心里头。”沈力还谈到了真情实感在节目主持中的重要性：“在我看来，对于主持人来讲，在节目中一定要付出感情，要真情实感。从军事部调到《夕阳红》工作的一位老同志也谈到这点，现在的年轻一代的主持人不能对老一辈人的经历感同身受，他们讲的话有时候不入老年人的心。在主持《夕阳红》栏目时，我一直都在探索要怎样对老年人说话，怎样跟他们交流。我对老年人说话的状态是我情感融合的一种状态。我也不会刻意去看很多关于老年人的东西，我那个时候很忙，工作任务排得很多，我根本没有时间去看。但是我只要跟老年人接触，我就能感受，这种感受是很重要的。我也没有因为要做节目了，特意去感受。而是在采访老年人时，自然而然的感情流露。感情是由衷的。比方说节目里做完菜了，我就觉得我应该让观众尝。可是，隔着屏幕观众尝不了，我就希望观众自己能做成功。那都是心里话，真情的自然流露。当你全身心投入到工作中，你思考的就是如何把节目做好，怎么表达，怎么说话。后来白岩松他们讲‘说人话’，我说我那时候就开始‘说人话’了，我已经不用书面语言了，我的稿子都改成了口头语。面对观众说话，就不能再用书面语了。我记得我列了几个，比如倒装句、长句子是不可以用的。而且要体谅老同志、尊重他们，有些话不应该用。”

停办《夕阳红》的时候，沈力和电视台的领导提出了自己的意见。在采访中，吴倩问沈力：“我觉得按之前您的性格，您肯定是不会提的。为什么退休后反倒会对《夕阳红》的停办说出自己的意见呢？”沈力回答：“我平常是很少比较跳脱地说点什么的。但是我觉得不应该停播《夕阳红》。我就想替老同志说句话，我就说但愿我们领导都别老。实际上，领导说能办，底下的人肯定就能办起来，不知道为什么就给停了。实际上我也是为国家着想，把老同志安定好国家不就稳定了吗？那个时候也有思想了，也敢说点话了。我当时是因为做了这么多年《夕阳红》，我对老同志确实也有一定的感情了。好多老同志都说，怎么这个节目不播了。老同志都特别喜欢这个栏目。我想他们这么喜爱这个节目是因为它真正思考了他们的需要。他们需要什么呢，我想到了这四个‘老有’：老有所学，老有所为，老有所依，老有所养。如果围绕着这四个‘老有’，每天做一个相关栏目，礼拜一是老有所为，礼拜二是老有所学，礼拜三是老有所养……这内容太丰富了。现在全国各地都有老年大学，很多老同志进去（学习）就不出来，其他人都报不上名，供不应求的。这说明老同志对知识也有需求。你看现在很多老同志学用电脑、学用微信。老年人也要有一个精神寄托。”从她的回答中，我们也能感受到沈力是真心实意地为老年人着想。

此外，沈力还认为，主持人要摆正自己在节目中的位置。“我在采访别人的时候，我都是在侧面，不会在中间的位置，因为我不是主要的人。无论什么时候都要尊重别人。比方说，我记得有个节目，在录制现场，被访者的讲话说不到位，我替他转述的时候，就会问他：‘老师，我这样讲对吗？’这不是在表现自己，是对被访者的尊重。我做人也是这样的，这跟人的性格、待人接物都是有关系的。”

（沈力口述——吴倩提供）

第七章

口述陈醇——凝劲悠远的播音主持创作风格

陈醇

（1933 年生）

新中国第一代播音员，上海人民广播电台播音指导。

陈醇，1933 年出生，北京人。1953 年开始先后担任上海人民广播电台播音员，播音组副组长、组长，播出部副主任、艺术指导。

代表作品有《愿化泥土》《烈火金刚》《万山红遍》等。曾任中华全国新闻工作者协会理事。曾任中国播音学研究会副会长，上海市广播电视学会理事及播音学研究委员会主任。曾荣获上海市先进工作者，荣获“彩虹杯”播音荣誉奖，荣获“全国推广普通话积极分子”称号等。1992 年起享受国务院政府特殊津贴。

回溯中国广播电视的发展历程，从延安新华广播电台的第一声呼号，到遍布全国城乡的广播喇叭，再到改革开放后飞速发展的广播事业，其间产生的能印刻时代的声音和影响几代人的播音艺术风格为数不多，而陈醇形成的播音艺术风格就是其中之一。从中国广播电视史的角度看，陈醇用毕生的经历书写了中国广播播音员的一段传奇，而其核心便在于陈醇声音背后极具时代性的播音艺术风格。“他将老一辈的经验、苏联的经验、中央台的经验吸取过来，融汇到自己身上，并做到了扬己之长，形成特色；他的人生轨迹遍布南北东西，他在颠簸奔波中形成了自己对播音艺术风格的主见”[1]。以历史为路径，本章在梳理陈醇的播音艺术生涯、播音风格变化以及播音理论建设过程中，试图理清中国播音艺术风格的流变，还原时代演进中的社会建构色彩。

第一节 时代变迁与播音艺术风格流变

对于播音员而言，播音艺术风格的流变源于行业发展的需要，更源于时代变迁的需要，他们对此感受颇深。在陈醇的口述中，他的播音生涯“经历了多个各具独特时代特征的播音风格时期，也正是不同阶段的播音艺术风格体验，最终铸就了播音员个人独特的播音风格特征”。从大历史的维度看，中国不同时期的播音艺术风格都带有鲜明的时代

1 仲梓源:《用真情吐字归韵,传和谐顿挫之声——陈醇 60 载播音艺术的人生启示》,《艺术百家》2011 年第 6 期。

烙印。自延安新华广播电台的建立以来，“播音风格大致经历了四个较为典型的历史时期，一是延安广播电台的建立到解放前时期，二是新中国成立后的和平建设时期，三是‘文革’动乱时期，四是改革开放新时期”[1]。不同时期，中国广播事业有着不同的发展背景与社会需求，播音艺术风格也应时而变，时而铿锵有力，时而亲切动人，时而又活泼朴实。

一、无产阶级播音艺术风格的奠基

1940 年延安新华广播电台成立，标志着新中国广播事业的开始，也标志着新中国播音事业的开端。在那个火热的无产阶级革命年代，广播电台的建设者们在延安安塞王皮湾挖了三层三排窑洞，仅靠一部从苏联带回的 10 千瓦功率的语言发射机向人民传递党的声音。设备简陋，器材缺乏，播音员们虽然没有受过专业的训练，但凭借着满腔的热血投身于播音事业，革命烈火的熏陶与对民族解放事业的坚贞理想，使“昂扬向上、气势磅礴、爱憎分明、坚定有力”[2] 的播音艺术风格得以呈现。这种风格成为共产主义播音事业区别于国民党播音事业的重要标志，铿锵有力、激情澎湃的声音成为中国革命史和中国广播电视史的重要注脚。

昆明西南联大曾致信延安新华台，信中说道：“听了你们的声音，就像在茫茫黑夜中看见了灯塔。”[3] 艰苦卓绝的岁月里，广播成为无产阶级革命事业重要的宣传渠道，而无产阶级的播音艺术风格则成为当时城市民

1　卜晨光：《播音队伍功能与风格的形成——以我国人民广播 1940 ～ 1978 年的播音为例》，《中国广播电视学刊》2015 年第 9 期。

2　张颂：《中国播音学》，北京广播学院出版社，1994 年，第 3 页。

3　王佳爱：《1940 年 12 月 30 日，延安新华广播电台开始播音！》，[2019-12-30]，http://www.cnr.cn/shanghai/tt/20191230/t20191230_524918092.shtm。

众对于红色政权朝气蓬勃、欣欣向荣形象的最直观感受。斗争的热情被燃起，革命的斗志被坚定，政治主张、革命理念随着无产阶级播音艺术风格的奠定，向全社会辐射开去。

二、新中国成立初期播音艺术风格的发展

新中国成立初期，“传播尤其是由上而下的信息传达成为党中央工作的中心任务。随着新中国的成立，广播事业一步步向‘人民广播事业’转型”[1]。在广播事业快速发展的进程中，旧时期国民党电台和旧私营电台的播音腔调也必须改变，播音语调调整为柔和亲切，播音需要多和听众交流。新中国成立初期，“播音语言规范进一步形成，播音风格反映了新中国百废待兴的建设格局，播音员在播音实践中形成了大气磅礴、亲和自然、凛然正气的风格特征”[2]。

在陈醇口述中，他于1951年参加播音工作后，辗转徐州、南京和上海等多地。白天报“市场物价”、晚上“对台喊话”是对上海台工作的主要记忆。在那个年代里，年轻的播音员由老播音员手把手指导，规范性和宣传性成为当时播音艺术风格的重要特点。当时的节目都以直播为主，对播音语言的规范性要求较高，播读内容必须字句清晰、字正腔圆、铿锵有力；要求“播音员应是有丰富政治情感和艺术修养的宣传家”[3]，播音语调要求不断上扬，播音风格更加正气与昂扬。至1955年，播音艺术理论逐步建立。陈醇回忆：当时召开了全国第一次播音业务学习会议学习苏联播音经验，我被派参会并担任华东组的组

1　欧阳宏生、朱婧雯:《论新中国70年广播电视传播理念的嬗变——基于媒介社会学框架之再梳理》,《现代传播(中国传媒大学学报)》2020年第1期。

2　卜晨光:《播音队伍功能与风格的形成——以我国人民广播1940～1978年的播音为例》,《中国广播电视学刊》2015年第9期。

3　刘玲华:《党的新闻播音事业的光辉历程》,《传媒》2011年第9期。

长，那是在全国范围内首次做播音理论的探讨，明确了播音的基本原则和方法，让大家感受到播音的重要价值。1959年播音艺术风格开始了调整与发展。陈醇回忆：在1959年至1961年期间，我工作电台的宣传方针是“把听众吸引到收音机旁来”，所以那时候的播音语调比较亲切委婉、朴实生动，在当时的环境下，这样的播音风格也赢得了听众的赞赏。

三、特殊时期的停滞与倒退

“文革”开始后，广播电视事业遭受严重挫折，处于停滞徘徊的状态。这一特殊时期，人民广播事业遭到严重破坏，播音艺术风格受到政治环境的极大影响。陈醇回忆：播音风格表现为高、平、空的大喊大叫，呈现出高调、绝对的态度，播音语调也充满激进与批判，宣教式的播音成为那个时期鲜明的特征。我工作的电台当时要求广播播音时不能再是原先的亲切、自然、朴实的语调，取而代之的是拉高的语调，高音调高情绪，甚至是声嘶力竭。

四、改革开放时期的活泼与自然

改革开放后，广播电视事业开始呈现出一种全新的面貌，播音艺术风格也开始焕发出无限生机。“伴随着民众生活水平日益提升，听众更加青睐于富有亲和力和个人魅力的播音风格，大家对之前‘冷僵远’的语言样态产生疲倦。”[1] 陈醇回忆，“在1979年，我参加北京广播学院举办的‘播音语言表达座谈会’，会上讨论了播音基础的教材，也共同归纳确

1　周怡然：《播音风格的历史变迁》，《媒体时代》2015年第11期。

定了社会主义中国的播音风格是‘爱憎分明、刚柔相济、严谨生动、亲切朴实’。在我其后的工作中，上海台也陆续开办了一些广播评论类节目，如《广播杂谈》《广播漫谈》等，这类广播评论通过亲切谈心的方式来宣传党的路线方针政策，不同于以往的指令式风格，表述上更为生动活泼，有理，有情，有味，播音员的播讲态度也更为平易近人、循循善诱。”1980 年 2 月，上海台恢复直播新闻，在直播新闻中，播音员必须感情充沛，充满生机和感染力，并且直播能够很好地锻炼播音员的播音业务能力。

1981 年 8 月，中央广播事业局在北京召开了全国播音经验交流会，这是“新中国成立以来的第二次全国播音会议，这次会议使得播音业务研究和语言实践生动活泼地开展起来”[1]。陈醇在会议中也提出了要克服新闻播音中的“冷、僵、远”，在播音过程中要更注重播音员的态度和语言风格，经过当时的经验交流会，播音员们进一步开阔了眼界，提高了认识，明确了方向。

乘着改革的东风，播音事业不断向前推进，播音创作也随着社会的发展不断改革创新，播音风格随着时代的发展也不断地推陈出新。1987 年，中国广播电视学会播音学研究会成立，标志着播音事业朝着专业化、多元化的方向发展前进。

1 刘玲华:《党的新闻播音事业的光辉历程》,《传媒》2011 年第 9 期。

第二节 播音艺术风格的形成

“一名播音员特有播音风格的形成来自于内外双重因素的作用与影响。其中，内在因素主要包括主持人的个人经历、性格特征、审美追求、知识积累与专业能力等因素，外在因素主要包括时代背景、政治因素、媒体特征、节目定位等因素。”[1]一种播音艺术风格是当时时代塑造的结果，更是播音主持艺术家自身能力的不断提升与锤炼的证明。知识与经验的堆砌是成功的基石，而个人经历与不断自我超越的追求更是为风格的铸就锦上添花。

陈醇的播音艺术风格是“深沉稳健、凝劲悠远”。他在播音战线上的长期实践中体现出他对自身业务素质的严格要求。他注重基本功的积累，以认真负责的态度对待每一份作品，在播读作品前他总会做大量的案头工作并了解原作者相关情况，力图生动还原小说、散文等作品的原貌。他还乐于分享自身经验，培养后代播音人才，投身于教育事业，为中国播音事业做出巨大贡献。正是这般刻苦严谨、无私奉献的精神最终铸就他播音事业上的成就。

一、苦练基本功，铸就自身播音风格

陈醇在口述中回忆了很多自己做基本功锻炼的相关内容，在他看来一个播音员播音风格的形成既离不开其个人性格特质的影响和业务素质

1 王晓航、古江柳:《浅议播音风格的时代特征》,《新闻世界》2014 第 6 期。

图 7-1：青年时期的陈醇（陈醇提供）

能力的提高，也离不开播音创作的首要前提——基本功的训练。作为播音员首先需要有扎实的基本功，“‘字正’才能达意，‘腔圆’才能传情”，如此这般才能将要传达的内容完美地呈现出来。陈醇结合其漫长的播音生涯提出了自己的观点：“要成为播音主持的实践大家，不论是广播还是电视，不论是新闻类节目还是文艺类节目，不论是朗诵还是配音，各种不同领域的播音工作都要有所涉猎。”在播讲长篇小说或散文故事之前，陈醇会做很多阅读工作，对文章中的人物关系以及主题思想进行仔细的分析与理解，随后在理解的基础上运用语言进行修饰表达。他认为在播音朗诵创作中，语言功底十分重要，而文艺作品在播读的过程中，理解至为关键，当理解透彻时表达才能够到位，播音才能够打动听众。平时他也经常会写下自己对于播音、朗诵的一些感悟，如《播讲长篇小说的一些体会》《散文朗诵浅谈》《谈散文朗读》等，都是他基于自身经验的体会形成的观点。

二、视域的融合，成就播音风格的多样性

播音员除了要有扎实的基本功以外，热情与专注的学习态度也是不可或缺的。对于播音作品而言，理解作品中的内涵以及情感至关重要，所以播音员在播音过程中要运用恰当的情绪、合适的话语表达来自然切换场景，从而得到听众的认可。陈醇的播音创作正体现伽达默尔说的“视域的融合”理念[1]，即他把作品、作家的风格，和自己对作品的理解、自己的表达风格糅合在一起。他的作品之所以能够被广泛流传，也正是因为他的播音风格与作品的这种融合性、共鸣性。陈醇回忆说，他每一次播音前都会做大量的案头工作，包括采访作者、实地走访与听众交流等，正是这种对待作品的认真态度，使其能够在理解作品的深层涵义后进入作品核心。在播《难忘的战斗》前，他特地请作者为他讲解当年的创作情况，辅导分析书中的人物特征；播长篇小说《万山红遍》时，录制前他特地去南京拜访了原作者黎汝清；播《挺进苏北》前，他采访作者并重温当年军队的挺进路线。在陈醇的播音作品中，作家巴金的著作占了很大一部分，且巴金十分肯定他的朗诵，两人保持着长期的联系，陈醇还经常录制巴老的其他作品，并将录音磁带赠予巴金先生。在陈醇看来，“朗诵作者的作品并能被作者本人认可，就是给朗读者最大的鼓励”。

三、积累与分享，贡献播音事业

陈醇重视在实践经验中总结与反思，对于他而言，每一次实践获得的感悟都十分珍贵。在陈醇的口述中，总结与反思贯穿了他播音事业的

1　仲梓源：《用真情吐字归韵，传和谐顿挫之声——陈醇 60 载播音艺术的人生启示》，《艺术百家》2011 年第 6 期。

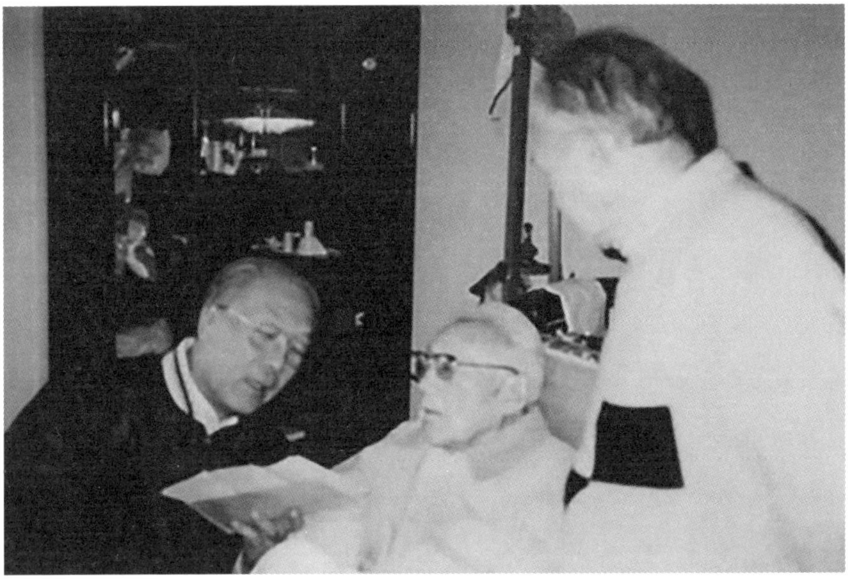

图 7-2：陈醇为巴金朗读（陈醇提供）

全过程，他不断在自己的实践中进行经验积累，将那些感性的认知上升成为具有总括性、规律性的播音理论，并乐于将这些成果分享出来。他的许多朗读作品被出版发行，部分还被收录进院校教材中，为后辈们的学习提供参考。除此之外，陈醇还在上海台培养和带领出了一支业务能力精良的播音主持队伍，后来又积极投身于北京广播学院播音教学，推动浙江传媒学院播音专业的创立并担任兼职教授，培养了一大批播音主持人才。陈醇说过："播音工作不但是一个职业，播音员队伍中的优秀分子，更应该把播音工作当作自己的光荣使命，当作自己的终身事业才对。"在退休后的日子里，他也依然活跃在播音主持界，继续发挥着自己的光和热。

第三节 播音艺术风格流变的思考

播音艺术风格有着鲜明的时代烙印和播音员的个性特征。陈醇在口述中表示，播音是他为之奉献终身的事业，而播音风格则是不断学习不断沉淀的结果；同时，播音风格还是内在信念的外化，是对党和人民宣传事业的忠诚与坚守；最后，播音风格还是对民族文化的展示与传承，是不跟风、不盲从，更是百家争鸣、百花齐放。

一、播音风格是技巧更是沉淀

播音艺术风格来自对人体语言表达技巧的熟练掌握与对播音基本功的长久练习，陈醇重视播音实践与积累，热忱而忠诚地奉献于播音岗位，虽然播音艺术风格随着时代的变化而不停流转，但他骨子里的认真与严谨却是始终不曾改变的。在他看来，“播音创作是学习的殿堂”，“播音就是读书”，多读书对播音创作情感和语言表达都有益处，播音前对原著的阅读能够帮助播音员更好地掌握情感。在陈醇的播音岁月中，播音不止，学习不息，于他而言，“播音是终身事业”。陈醇在对待播音工作方面不曾懈怠，勤学苦练，重视播音实践，注重自身沉淀，最终形成他独特的播音风格特征——“深沉稳健、凝劲悠远”。陈醇在实践经验中探索、挖掘、积淀，最终获得成长与收获的经历，值得后辈播音从业者们学习与借鉴。

二、播音事业以服务人民为己任

广播电视事业的价值在于，“它能够迅速占领传播阵地，用正确的舆论引导人，成为媒介塑造和展示国家文化形象的软实力，推动文化大发展大繁荣”[1]。这一价值的根本又在于坚持真实性、党性和人民性原则的统一。而对于播音艺术风格而言，如何更好地为人民服务，为党和政府做好宣传与沟通，尤为重要。对于陈醇而言，口述中不断强调的“不变的初心与坚定的立场”便是他坚持党性和人民性的最好证明。他一贯保持极高的政治素养，重视广播电视播音工作的宣传作用，坚定地做党、政府和人民的“喉舌”，坚定地做党的宣传员。2005 年，陈醇参与群众文化朗诵活动“心灵书简”，扮演《共产党员信箱》中的栏目主持人一角，他“本色出演”，以亲切朴实的播音风格讲述徐汇区优秀党员的动人故事。“播音员必须先吃透新闻，才能在尽可能轻松的气氛中传递重要信息。”一直以来，陈醇以听众为重，以为人民服务为目标而奋斗，72 岁仍运用着多年广播电视工作经验，为社区街道做和谐社会宣传工作，其强大的内心与坚定的信念铸就了他沉稳、深远的播音风格特征。

三、播音风格的民族性和时代性的融合

中国现代播音艺术风格是传统与现代、域内与域外文化艺术风格传承、交融与发展的结果。特定时代背景下社会变迁、经济发展与文化交融无疑都将影响播音艺术风格的流变，在此前提之下，我国的播音艺术风格既注重对传统文化、外来文化的学习与思考，又对国内以往的播音创作文化批判吸收，在继承的基础上不断推陈出新，革故鼎新，为播音

1　陈芝、姚喜双:《新闻播音的文化传承研究》,《现代传播(中国传媒大学学报)》2017 年第 6 期。

图 7-3：陈醇在排练“心灵书简”（陈醇提供）

理论的建设发展而不断努力。但另一方面，在陈醇看来，中国的播音艺术风格应该有自己的特点与坚守，不能盲目照搬域外的播音艺术风格，一味地模仿与崇拜是不可取的，而应该取其精华，去其糟粕，择其优而学，结合本国国情与广播播音的人民性原则，转化为真正适合中国的播音艺术风格。

“口述是历史的见证，也在不断地重新书写和建构历史。”[1] 陈醇用自己的声音讲述了既属于自己，也属于中国播音事业的历史。昼夜星驰、风云变幻，六十载风雨兼程，陈醇的个人经历与时代共进共演，其播音艺术风格的流变亦裹挟在宏大的社会变迁之中。中国播音艺术的发展历程经历了从理论到实践，再从实践到理论的飞跃，专业化、多元化的播音理论框架正在逐步建立；播音艺术风格则经历了从无产阶级革命年代的

1 周海燕、刘亚秋、胡洁：《“口述史研究”专题》，《南京社会科学》2020 年第 6 期。

图 7-4：陈醇工作照（陈醇提供）

“爱憎分明、坚定有力”，新中国成立初期的“大气磅礴、亲和自然”到改革开放以来的“爱憎分明、刚柔相济、严谨生动、亲切朴实”，与时代契合是其不变的主旋律，而历史的沉淀又形塑着播音员个性化艺术风格的形成。这恰是口述史研究的意义所在，它把历史引入个体，同时把个体引入历史，让“更多个人故事的涓涓细流汇聚成民间历史的大江大海”[1]，进而在积累中拓宽中国广播电视史研究的边界。

第四节 言传身教育桃李

陈醇相伴中国播音事业走过了整整60个年头，其“深沉稳健、凝劲悠远”的播音艺术风格家喻户晓，并成为此后播音员效仿学习的典范。他

1　袁梦倩：《重新讲述生命故事：叙事治疗、另类记忆与传播赋权》，《南京社会科学》2019年第6期。

在“中国广播界与齐越、夏青、葛兰、方明、铁城等播音大家齐名，是我国首批播音指导之一，也是‘全国播音杰出贡献奖’的获得者”[1]。陈醇的播音艺术风格源于时代变迁与个人积淀，使其成为见证中国播音艺术风格流变的重要历史佐证，也成为历史大背景下广播电视发展的重要独特注脚。

一、始于热爱，忠于播音事业

陈醇毕业于华北人民革命大学，是第三期二部六班八组的学员。在采访中，陈醇告诉我们，他读书时华北人民革命大学的学制只有一年半，主要学习的是革命理论知识，相当于干部培训。毕业了之后，学校分配他到山西工作，他没有去。原因在于陈醇一直对播音事业充满热爱之情，很想去电台工作，碰巧当时中央人民广播电台正在招人，他就报考了。他回忆说：“成绩考得不是最好的，但也够用了。1951 年分配到徐州市，那时候徐州归山东管，江苏省还没成立。到 1952 年底，江苏省成立了，原来是苏南区、苏北区。省以下的电台就撤销了，我们就到了南京。后来我又调到了上海，上海有华东人民广播电台和上海人民广播电台，两个号一批人，我被调到了华东台。”陈醇还解释说：“华东台和上海台一码事，就是我们以后波段一多了，每天进播音间要看清楚是哪个台，别呼错了台号。”

在采访中，陈醇讲述了他在华东台播音的一些经历。刚到了华东台，陈醇主要是负责播报商品的市场价格。“比方说每天报面粉多少钱、大米多少钱。咱们现在是一个月发一次工资，当时是一个月发两次，5 号发一次，20 号发一次，工资是不固定的。因为每天的物价不一定，我们报的

1　李宝萍：《德艺双馨示后人——参加陈醇播音生涯五十周年研讨会有感》，《新闻战线》2001 年第 12 期。

图 7-5：原华东人民广播电台和上海人民广播电台
（图片来源：https://image.baidu.com/search/detail?ct=503316480&z=0&ipn=d&word）

这个物价决定这一天工资是多少钱，所以每次发的钱不一样。那时候的工资也很少。”

根据陈醇的回忆，当时的上海台还承担着“对台湾广播”的任务。那时候，普通老百姓没有收音机，播报的对象只有军人，对军人播报的内容诸如“你要开飞机回来，在哪几个机场怎么降落，飞机怎么表现，一架飞机可以给你多少奖金”等等。1954 年华东台撤销了，“对台湾广播”搬到了北京，编辑组的成员、播音员也就都到北京去了，因为不需要讲普通话的播音员，陈醇就留在了上海人民广播电台。“文化大革命”时期，陈醇被下放到了吉林，他只能先离开上海电台，1969 年他离开吉林，1973 年他又回到了上海电台重新开始播音。

陈醇说：“当时最有趣的事情是对时，现在收音机、电视里的对时都有‘嘟嘟嘟滴’。上海那时候没有，只能播音员到对时那边敲一个音片，‘噔噔滴噔’，最后报一下几点整。大家就开玩笑，你要跟广播对时间是对不准的。因为当时的电压是不稳的，我们的时间是跟徐家汇天文台的时间来对，到几点了，告诉播音间里的播音员，播音员看这钟慢几秒快几秒，他注意了到时候再敲，肯定敲不准确。”陈醇还补充说，当时上海电台的播音室条件还算不错。南京当时的电台前身是国民党中央台，它的播音间不是密封的，没有空调。上海电台搬到北京东路2号后就有空调了。

陈醇还给我们讲述了中国电视台诞生的历史：“1958年中国有了电视台。第一座电视台是北京电视台，不叫中央电视台，1958年5月1日首次播节目。10月1日上海电视台开始播节目。那天上午我们在广场转播，下午回到电台做录音报道，把它综合起来，晚上报新闻。那时候没有录像，就用小片子拍电影，拍出以后剪辑，剪辑好了以后到电视台开播时搞一个屏幕放出来，我们站在旁边解说，摄像机摄进去。这些年我们电视广播发展很快，尤其最近几年多媒体的发展飞快。”

二、精耕播音，贡献累累硕果

陈醇在其多年的播音事业生涯中，播过各种类型的作品，硕果累累。他将播音主持的语言式样总结为以下四种：“第一种是播报式，新闻、大型的公告、社论，这些属于播报类；第二种是交谈式，面对面进行交流的节目采用的是交谈式；第三种是解说式，体育赛事等，这些属于解说类，有的地方说解说是主持，我不同意这种说法，因为踢球队员不听解说员的指挥；再一种就是朗诵式，主要是对诗歌、小说、散文等文学作品的朗读。”

陈醇作为一名资深的老播音员，见证了很多历史事件。他曾播报过我国第一部《宪法》，采访了诸如印尼总统苏加诺等国外领导人，实况报道了“南京路上好八连”称号命名大会，还参与了鲁迅墓迁葬仪式、周总理逝世、毛主席逝世等重大事件的报道。

1954 年陈醇播读了我国第一部《宪法》。陈醇告诉我们："当时我拿到的《宪法》是新华社用电报发过来的，发过来我就直接读了。我们称这种类型的播报文件为'抢时间的新闻'。读《宪法》是重要的政治任务，播音员作为党的宣传员，在播报重要文件时思想要高度集中，不能读错一个字。"

1955 年印尼总统苏加诺访沪，在上海人民广场举行欢迎大会，由陈醇现场采访。陈醇先在上海龙华机场接机，等候苏加诺到来，然后一同去人民广场，进行现场采访，并做实况广播。当我们问陈醇能否请他介绍一下当时具体的实况场景，他坦诚地回答："当时的实况跟现在的现场直播差不多。新闻工作不像文艺工作，文艺工作要反复排练、走台，演出可能也不止一次，反复的练习可以提高表演的水平，对节目的印象也很深。我们当时形容新闻工作就像掰玉米一样，今天干这个，干完就扔掉了，就忘记了，也没有记忆度。当时的实况给我留下印象比较深的是，外国记者拿了小型的录音机，当时我们外出采访带的录音机都是大型的，需要用机器搬过去。"

1963 年 4 月 25 日，国防部授予上海警备区三营第八连"南京路上好八连"的称号。1963 年 5 月 5 日，"南京路上好八连"称号命名大会在上海举行，陈醇在"好八连"的驻地做实况报道。陈醇说，命名大会以后，有关"好八连"的报道活动就多了起来，之后也举办了"好八连"的命名周年纪念活动。

陈醇曾参与采访报道了鲁迅逝世二十周年时的鲁迅墓迁葬仪式。陈醇回忆了当时的场景："鲁迅的棺材是从万国殡仪馆起出来的，起出来以后棺材全部烂掉了，就在外面加了一层棺材，等于套上了一层。随后运到了鲁迅公园，也就是以前的虹口公园，鲁迅公园做了一个石棺，把原来的棺材落下去，等于又加了一层。鲁迅墓迁葬的时候还举行了典礼，当时巴金作为中国作家协会的代表讲话。我若干年后在我们库房里找到了当时巴金讲话的录音，当时的录音是钢丝录音，我把它翻译成小的录音带，给巴老送去。巴金也很激动，很喜欢。”

陈醇也参与了周总理逝世的报道。陈醇回忆道：“我记不起具体是几点钟了，只记得电台的领导是在半夜叫我，到了车上才跟我讲今天有重大新闻，早上就要播出。我说什么重大新闻，一听他说‘周恩来去世’，我当时就痛哭流涕了。虽然总理不认识我，但我对他有很深的感情。我在采访报道时，曾多次见到他。只要总理来上海参加活动我们一般都会进行直播，包括刚才讲的苏加诺来访，总理也在现场。我也知道他对中央台一些老播音员很关心。齐越老师对我们讲，周总理很关心我们的播音工作，提醒他广播时情绪不要激动，他很感动。‘文化大革命’时期，齐越老师下放到沧州，也是周恩来总理把他调回到中央台恢复工作的。我那时候在东北，在东北听到收音机传出齐越老师的声音，我觉得我也要恢复工作了。当时播音结束之后我受到了台里领导的批评，说‘应该哀悼为主，平静一些，你不行，太悲痛了’。”陈醇也参与了毛主席逝世的报道。他说，当时是特殊时期，上海电台也举办了很多纪念活动。大家都挺悲痛的。

陈醇在上海电台工作时，还朗诵了例如《烈火金钢》《红岩》《万山红遍》《铁道游击队》等脍炙人口的文艺作品。当我们问及他是如何挑选文艺作品时，陈醇告诉我们：“我们有岗前培训，等你声音、语言、普通话等基本条件都满足了，台里觉得你合适播哪一类节目就让你去播哪一类节目，是这样来分工的。”

陈醇还给我们讲述了他播报文学作品的一些心得：“播报文学作品不像播报新闻（时间）很紧迫，播报文学作品的准备时间比较充分。比方说台里刚通知你让播一部长篇小说，你就要开始做准备工作了，你得反复地读，有机会要去访问作者，向作者请教。小说是最难读的东西，因为你要分段，你要想怎么留悬念吸引听众第二天接着听。有的可能好办，前一天的故事里讲到‘冲着他开了一枪’，结果如何不要讲了，第二天再接着讲。但有的时候没有这种事件，你怎么样留一个悬念让人家第二天想接着听。再一个就是刚才讲的打枪，如果你能想到是什么种类的枪，对谁打的，就不一样了。最好能抓到一个特点。比方说解放军进城了，冲锋号，‘哒哒滴滴哒嘀哒’；抗战时期有一些学生都跑到四川上大学，上课摇铃的声音太小了就吹军号了。正好有人教过我吹军号，播报的时候就派上了用场。这些都是插曲。”

陈醇很擅长播长篇小说。在播报每一部文学作品前，他都会很认真地做准备工作，记的笔记他现在都还留着。在采访中，他通过举例的方式向我们具体展示了他是如何做准备工作的：“我当时播报了一部小说，书名我忘记了，里面的人物我还记得。书里有一个生产队长叫余村保，我正在琢磨这个人物应该怎么播，怎么抓住他的特点时，正好碰到了这

图 7-6：陈醇在播《故事大王》（陈醇提供）

本书的作者，我就问他，他为何给这个人物起这样一个名字。他说，‘这个很简单，余村保守’。我马上就把这个人物的特点抓住了。有机会碰到作者，要多向作者请教。比如播《万山红遍》前，我就到南京军区请教这本书的作者，让他给我解释诸如谁和谁是什么关系之类的问题，他的解释对我理解这本书很有帮助。长篇小说最难的就是理解，真正体会到作者的意思是很不容易的。通过和作者交流，就能更好地体会到作者写作的意图和情感。也有一些小说我是播完了才有机会到某地去请教作者。有时，播完了之后再和作者交流，也会发现自己的理解和作者的想法有很大的差距。”陈醇播过最长篇的小说是《万山红遍》，分上下两册。第一册播完了他接着播第二册，播第二册的时候书还没出版，出版社先给了他样书。这部小说他播了很长时间，因此他的印象很深。陈醇还补充说：“当时有很多观众来信。我是真名，有很多人有播名，当时规定播名的来信要交给听众联系组，不能自己私拆开看，真名的来信就直接给本人了。即使我用的是真名，也规定让节目组的人员统一去回复来信，我实在来不及回复。”

在陈醇看来，播好一部文艺作品的关键是理解、感受。在采访时，他说：“过去强调的是理解与表达，但是有的人理解得很好，表达起来却很困难，所以我就思考这里面是不是有什么门道。后来我调到北京广播学院给学生开了语言技巧课，我觉得理解与表达中间要加一个感受，有感受，才能把自己的想法表达好。”

值得一提的是，陈醇与我国很多知名作家交往密切。他跟我国著名的作家巴金之间的深厚友谊最为人称赞。在采访中，陈醇告诉我们，鲁迅墓迁葬仪式是他和巴老的第一次近距离接触。当时他和巴老离得很近，就和巴老打了招呼。在陈醇的眼中，巴老是非常认真的一个人，是“讲真话的人”；巴老的生活也很简单朴素，他写作的书桌是很小的一张桌子。陈醇将巴老说的“讲真话、把心交给读者”牢记在心，用真心把信息传达给听者。

陈醇还给我们讲述了他去成都参观巴老故居的经历："有一年我到成都开会，主办方安排半天时间去逛逛。我和他们说：'你们找一个学生陪我去巴老的家看看。'去了发现巴金的家正在拆迁，那人说：'你再过几天来都拆光了。'我说：'这是怎么一回事？'他说：'巴老同意拆了，你去巴金的展览馆看看吧。'我说不去。有一人就过来了，说：'您跟巴老认识啊？'这个人是一个文工团的舞台美术工作者，他把巴老家拆了的砖雕、木雕都收集起来了。我就问他：'能不能给我一块？砖雕太重我没法拿了，能不能给我一块木雕？不是我要，我回去送给巴老。'那个工作者听我这么说，就给了我一块木雕，我回到上海给巴老送去了。"从陈醇讲述的这个小故事中，我们也能体会到他与巴老的浓厚的情谊。

陈醇朗诵过巴老的《怀念萧珊》《再忆萧珊》《怀念从文》《愿化泥土》等多部作品，还出版过巴金作品的碟片。陈醇带着真挚的情感朗诵这些作品，感动了无数的听众，例如很多听众反映听到陈醇的《怀念萧珊》会泪流满面。《愿化泥土》是陈醇在巴金小院朗诵并拍摄的，这个录像现在还能找到。陈醇还帮巴老代录了《家春秋》电视专题片，这部剧一共19集，本来节目组让巴老在每集的片头说一句话，再加最后一集的结束语，共20句。巴老说他的语言不行，就让陈醇代他录了。陈醇动情地对我们讲述："巴金生病的时候，我每次去看他，他清楚记得我上一次是什么时间来的。他是听着我给他录的'随身听'走完生命的最后时刻的。"陈醇和巴老的情谊深深地触动了我们。

陈醇跟作家峻青的关系也很好。陈醇告诉我们："峻青在中南电台工作过，他是山东人。到了上海以后，他在作协担任职务，我经常参加作协的活动，也播报过他写的作品，再加上他的夫人是原来的文艺会长，他儿子康青又是我们学院的学生，所以就比较熟悉了，不是什么客人了。大家是比较真心的朋友，来往都很亲切。"陈醇和孙道临、乔奇、张瑞芳

图 7-7：陈醇与巴金
（陈醇提供）

等表演艺术家的关系也都很好，都是真心的朋友。但他说，他有个原则，不能因为他和人家关系好就借着人家提高自己，这是不对的，他还是要做一个普通的播音员。

此外，陈醇还参与了《变形金刚》《太空堡垒》等动画片的解说。这两部动画片应该是我们国内引进最早的动画片。他说："我也参与过我们资料馆一些作品的解说。我觉得给译制片配音对自己的语言也是一种重要的锻炼。"陈醇在给动画片配音时，会按照剧中人物的角色设置，呈现声音的变化。

三、重视沉淀，言传身教育英才

在采访过程中，我们问陈醇，如果让他给自己几十年的播音生涯分期，他会如何划分，以及他会怎样总结每个阶段的播音风格。陈醇回答："对我来讲，初始阶段是学习阶段，开始学不同类型的播音。第二段应该算比较成熟的阶段了，时间是从1966年一直到退休。退休以后就算第三个阶段，因为退休以后还播录过很多作品，比方说录过《论语全文》《论庄子》等，出版的碟片、录音也很多。应该说下一阶段的播音风格都要比上一阶段的更成熟一点。”

在他看来，播音的核心要点有三个：真情、意境、节韵。只有具备了这三个核心要点，才能读好每篇稿子。真情包括对作品的情感、对作者的情感、对听众的情感，而且不同场合的情感也是不同的。意境是指在朗读的时候要让听众联想到作品中描绘的场景。节韵指的是朗诵的节奏和韵味。同样一句话、同样一个字的读法会有很多种。教学生要从字、词、句、段来教。比如说，玻璃杯高还是山高，同样是一个“高”字在这句中读得就不一样；“吃饭了吗？”“你吃饭了吗？”“你吃饭了没有？”这几句话的语气也不一样。同样一句话的感情和目的不一样，语气可能会完全不一样。朗读时要采用什么语气要考虑许多因素，比方说这句话的对象是谁，为什么要讲这句话。所以，在有声语言的艺术表达上要下很多功夫。当然，气息、发声和吐字等基本功也很重要。同样一句话，前面说得清楚后面说得不清楚，该强调的可能就没强调出来。这方面的功力、学问应该不断地去琢磨，不断去探索。

在加强播音基本功方面，陈醇对新一代播音员主持人和播音专业学生的建议是要勤练习语气、发声和吐字。他强调：“气息的运用与我们的生命息息相关。有一个材料就讲男性的生长期和生命期约为18岁和80岁，女性则约为20岁和100岁，动物寿命可能比人长。这是什么原因呢？一是动物适应外界的能力更强，二是爬行动物使用腹部呼吸，而人直立行走之后只能用胸部呼吸了。从播音专业的角度来讲，大多数人朗诵时，用胸部进行呼吸，没有轻松从容地将两肋打开，两肋打开后，不觉吸气气自来。要把气息运用好需要长时间练习，刚入学的学生至少第一年要天天练习，很自然地打开胸腔，扩大肺活量。播音的气息练习跟唱歌练习很像，只不过唱歌用头腔共鸣，播音不用，播音以口腔为主，胸腔为基础，鼻腔为辅助，三腔要同步，这个是基本功。一定要让学生练发声，练气息，每天早上都要练。我小的时候周围住的是唱京戏的演员，我对他们有个基本的印象，他们每天早上练声、练毯子功。播音的基本功也是非常重要的。徐恒老师写的《播音发声学》是基本书目，入学第一年要参考这本书天天练习。"

1977 年，陈醇调到北京广播学院，教了两年书。他主要带的是 76 级播音班，也给 77、78 级播音班上过课。在这期间，他开了 10 周的语言技巧课，8 周的文艺播音课。这些内容虽然教材上都有，但他还是从字、句、段开始教，主要是让学生多练习。陈醇说："我教 76 级播音班，这个班的学生是工农兵学员，大部分人不具备播音基本条件，但也有个别学生是有条件的。印象深的学生那就多了，现在他们基本都退休了。学生们对我都很有感情，我也对他们很有感情，跟他们接触觉得自己也变年轻了，我现在有时候还去学校上上课。我也在上海视觉艺术学院代过课，也参加过他们学校的招生工作。"

四、初心依旧，退而不休勤耕耘

当我们问陈醇，从他的视角来看，从 20 世纪 50 年代的主持人到改革开放时期的主持人，再到现在的主持人，其间发生了哪些变化，每个时代的主持人呈现出怎样的特点时，他回答："不同时代主持人的特点肯定不一样，但是我要强调一点，'播音主持'是一个词，不像有的人说的，播音时代过去了，主持人时代开始了，我认为这是极错误的观点。南有谁、北有谁、上有谁、下有谁，好像现在大家都不播音了，都是主持人。

‘播音与主持人’这种说法也是错误的。工作主持人、会议主持人、礼节典礼主持人都是播音主持人。播音主持指的是广播电视台节目播出时的播音主持人，不是什么节目都需要主持，我之前提过播音主持的语言式样分四种，只有谈话节目才需要主持人，其他节目不需要主持人。”

在陈醇看来，20 世纪 50 年代，我国的播音事业刚刚起步，官方电台播音员的基本要求是：有业务能力，有政治素养，要做党的宣传员。“我们刚才说老同志到上海以后，你可以去这个电台一个小时，那个电台一个小时，你自己去拉广告，自己去请艺人，自己去主持节目。当时很多电台都是私营台，只要有个房间就能办个私营电台，两三个人就能组成一个电台。随着时代的发展、国家经济的进步，现在媒体多了，对播音员和主持人的要求肯定也在变化。但现在不是只有主持人或只有主持类的节目了，‘播音时代过去了’这种说法是绝对错误的。”

陈醇在广播电台工作的这几十年，也参与选拔了新一批的播音员、主持人，他说选拔播音员、主持人的基本要求还是基本功一定要过关，语言要精细、普通话要准确，有一定的文化素养。陈醇对新一代播音员、主持人和播音主持专业学生的建议是：“在学校里要打好基础、练好基本功，要研究有声语言的艺术表达，不能眼高手低。就我们这个专业来讲，颧骨能不能提得起、口腔能不能打得开等因素都会影响播音，要保持一个好的状态，勤练习。基本功打不好，以后可能干一两年就倒台了。把播音主持作为终身的事业还是作为赚钱的职业，是由自己决定的，这是自身的事情。想要干一辈子，把它作为终身事业，就要做到爱岗敬业、勤学苦练、遵规守矩、善严求高。现在时代发展很快、变化很快，我老了，也不能适应了，希望他们根据现在的要求来播。”

陈醇于 1984 年《国庆的一天》的直播节目获得了第三届全国广播的特别奖。当时他担任总主持人，在台里总控，跟各个分会场的主持人连线，与他们进行问答，让他们报道现场。陈醇做了很多直播节目，在他看来，直播不直播也是根据工作的需要，不是说主持人一定要直播，或者播音员一定要直播，播音主持直播也是一种工作需要。到机场迎接领导人的现场报道就是一种直播。

现在直播节目特别多，有些人担心在直播中出错，陈醇给他们的建议是："直播节目要提前做准备工作。文艺节目需要反复排练、反复演出。要做好准备工作，准备工作做得越充分，现场直播效果就越好。"

陈醇也是全国普通话推广的先进工作者，陈醇举例说明了推广普通话的重点和难点："比如说，上海的方言比较复杂，各个县、各个村的方言都不一样。当时我们和复旦大学新闻系的几位老师商量，能不能把上海话统一化和标准化，但是最后没有成功。这些年随着社会的发展、人民文化水平的提高，上海话也在不断地发展，并趋于统一，现在小方言基本上都没有了。从全国来看，为了便于交流和沟通，还是应该推广普通话。我走到哪都是讲普通话。解放初期，各地都有各地的方言，去外地经常听不懂当地人在说什么。"现今，世界各地都掀起了汉语热，国外学中文的人也特别多，陈醇的学生也参与到汉语国际化的传播浪潮中，在国外教汉语。他相信随着我国综合国力的上升，汉语也会越来越流行，全世界说中国话的人也会越来越多。

现在，陈醇虽然退休了，但还是非常忙碌，处于退而不休的状态。他还会到全国各地指导或参与一些朗诵活动。他对那些想提高朗诵水平者的建议是多参加朗诵等级考试："我们现在有朗诵等级考试，分为十级。每次举办这个考试时，光是上海都有上千人参加。通过参加朗诵等级考试能够不断提高自己朗诵的水平。考试的朗诵篇目里有很多经典的文学作品，多参与多进步。"

（陈醇口述）

第八章

口述关山——中国长篇演播中的声音巨匠

关山

（1934—2020）

新中国第一代播音员，天津人民广播电台播音指导。

关山，本名丁威，1934 年出生，天津人。1956 年开始先后担任天津人民广播电台播音员、播音组长，播音部主任。1987 年任天津市广播电视局研究室处级调研员。

代表作品有《雷锋之歌》《欧阳海之歌》《红旗谱》等。曾任中国播音学研究会副会长，天津播音学研究会主任、天津新闻学会副秘书长等职。曾被评为天津市优秀新闻工作者、全国最受听众欢迎的十名长书播讲者之一、全国语言文字先进工作者、全国播音荣誉奖等。1991 年起享受国务院政府特殊津贴。2020 年逝世，享年 86 岁。

有声语言作为广播电视信息传播的主要载体，对广播电视节目的质量和播出效果有巨大的影响力。当广播电视节目的有声语言传递到受众时，已经不单纯是事实内容的本身，而是涵盖了内容要素、道德要素、哲学要素、文化要素、审美要素等，全方位多角度地与受众的感知相遇共鸣，它加深了听众的亲切感、认知度、理解度和接受度，从而达到内容与精神共享的目的。白居易在《与元九书》中曾说："感人心者，莫先乎情，莫始乎言，莫切乎声，莫深乎义。诗者，根情，苗言，华声，实义。"关山就是这样一位能够用声音打动听众的播音艺术家，在与文本、作者、听众的传情达意中，以别具一格的声音描绘文本的抽象世界，用真情实感的表达带领听众产生对其声音的共鸣。国学大师王国维在《人间词话》中曾说："境非独谓景物也，喜怒哀乐亦人心中之一境界。故能写真景物真感情者，谓之有境界，否则谓之无境界。"关山就是这样一位能够进入写实境界的播音艺术家，其一直恪守"理解深，感情真，表达活"的创作信条，不仅将真实的情感灌注于文本，还与文本的作者、受众进行真切的情感流露。用关山的话说："不管播讲什么题材内容的作品，只有让作品真正感动自己，才能在演播中用你的真情，再去感动别人。除此之外，其他捷径是没有的。"这一份超越技能的真诚，源于同文本、作者、受众之间的共情，并以其超凡脱俗的魅力，在社会留下具有温度的印记。

第一节 以情动人的播音理念

对听众来说，广播节目播音员更多的是“闻声感人”，用声音来缩短听众与主持人之间的距离。无论是在朗诵节目作品，还是与听众进行交流，关山都始终如一地以饱含感染力的真情传递有温度的故事，用心展演声音的魅力。这种看似与生俱来的魅力，不仅源于关山在播音创作上所做出的努力，更是来自关山对文本角色的深入理解，同作者的反复对话，对听众心声的耐心倾听。即与文本、作者、受众的共情。当下融媒体时代，提高广播节目的内容和质量，把声音优势和伴随性特征放大，在节目中要做到感情真挚自然、态度真诚朴实，以“真心”赢得听众的“真情”，与听众建立起情感上的信任，赢得听众的认可，让听众在无形的电波中找到真朋友，在有声的节目中感受真友谊，从而达到“共情”的效果[1]。

一、播音员与文本的共情

播音是一项非常讲究语言艺术的工作，播音员在演播前需要对作品的文本进行深入的理解，努力把握和创造出恰当的声音形象，展现出文本背后的生命力。关山在演播文学作品前，会描绘作品中的场景，与人物角色进行对话，不断挖掘人物的内心世界。

1959 年，伴随着新中国群众创作运动的热潮，关山接受了长篇演播

1　张嘉:《播音主持言语交际与情感表达策略探索》,《西部广播电视》2020 年第 18 期。

图 8-1：2019 年关山参加“第二届播音主持·媒体语言西湖论坛”（西湖论坛提供）

的播讲任务。“在出色地完成《青春之歌》的演播任务之后，紧随而来的《红旗谱》的录制却出了问题。由于对农村生活和 30 年代农民的斗争历史缺乏深入的了解，《红旗谱》的演播效果不甚理想。”关山一直在城市里生活，《红旗谱》的演播结果使他意识到，演播仅有技巧和热血是远远不够的[1]。“播音表达是由内容决定的，不能因为自己喜好朗诵，在播内容时声音就像拉开了架子，表现得十分铿锵有力，那样反而会有拒人于千里之外的感觉，听众会感到不舒服。”关山说道。从那以后，为了演播工作，关山积极深入生活与实践，在演播之前会深入学习文本角色的相关资料，探寻并体会角色的文本环境，喜文本之乐，泣文本之苦，恤文本之悲，味文本百态。

1963 年，全国人民响应党中央号召积极开展“向雷锋同志学习”的活动。贺敬之的长诗《雷锋之歌》的演播成为关山当时的迫切任务。关山找来身边有关雷锋的所有资料，包括《雷锋日记》和各种报刊，只要有提到

1　文政:《播音泰斗关山工作经历概述》，[2020-6-30]，https://mp.weixin.qq.com/s/ZZsb3bnbBSi4tHYcVHBxgA。

雷锋的资料，他都一字不落地仔细看。“我当年也是个热血的小伙子，看雷锋事迹的同时也深深受到了鼓舞，我觉得雷锋真是个好人啊！我比雷锋大 6 岁，也算是同龄人了，我觉得对雷锋的理解与敬佩是无法用语言来形容的，我甚至幻想过如果自己能与他相识。可惜……所以，我特别感谢《雷锋之歌》，是它让我和雷锋这个人物有了更近的交流与了解，我一定会做好‘雷锋精神’的传播者。”[1]1965 年，为了演播好金敬迈同志的《欧阳海之歌》，关山主动要求下连队当兵，与战士们同吃同住同训练一个月，希望以此更好地理解文本中欧阳海战士的生活与情感。演播之时，关山的播讲声情并茂、情景交融，感动了录音室在场的人：编辑的眼里饱含热泪，女录音员更是掩面而泣。1972 年夏，在录制《闪闪的红星》的过程中，关山突发高烧，需要到医院进行治疗。但只要一进录音棚，关山就立觉精神抖擞、状态颇佳，将角色潘震山的斗争生活以及老区人们对阶级敌人的强烈仇恨演播得淋漓尽致。同事感慨道：“根本听不出关山是在生病状态下播讲的，因为他的创作精神十足。”之后，关山又播讲了《渔岛怒潮》，为了原汁原味地展现胶东海岛地道战的故事，关山与渔民一同出海，体验大海反复无常的变化。他被海风吹得皮肤黝黑，冻得浑身发抖，甚至因晕船把胆汁也吐尽，但关山有了深入实践的切身体验，他的播讲最后获得了一致好评。1983 年，关山接到中央电台文艺部紧急任务：赶录中篇播演《高山下的花环》。关山马上细看原著。在研磨的过程中，关山不止一次热泪盈眶，一直研读文本到清晨 4 点。次日录音正式开始时，关山精神饱满、情满胸怀，时而激昂慷慨，时而柔肠寸断……当录制到“英雄班长杨三喜牺牲了”这句话时，电台编辑和录音员都泣不成声[2]。

1　声境界：《声音巨匠——关山：朗诵是小众艺术，讲播演不要维肖拟声》，[2019-11-11]，https://mp.weixin.qq.com/s/-8JNFnd9sQYuwN0lllGvw。

2　王九月：《演播艺术家关山的“老北京情结”》，《北京纪事》2014 年第 2 期。

关山与文本的共情在这个过程中逐渐丰盈，“想要读好作品，不仅要字正腔圆，还要学会用力用气，更主要的是得抓住神韵，而这神韵则是要在大量了解作品的背景知识以及人物性格、事迹等之后才能把握好”。这是关山与文本的共情，是情感最自然的流露，足以让听众潸然泪下。

二、播音员的二次情感创作

播音员不仅需要与文本产生共情，也需要与文本作者产生共情。在播送一篇文学作品时，关山常去了解作者写这部作品时的心境，了解作者希望通过这部作品所表达的情感，以及作者对文本角色所寄予的期许，从而达到与作者的互融互通。

1963 年，关山为《雷锋之歌》诗歌的演播做了很多的准备，然而诗中的一段话让关山理解困难，“年轻时我性子急，也没多想，提笔就给贺敬之写了封信，表达了自己的疑惑。没想到，他竟然很快就给我回信讲明了诗文的词意”。关山与作者贺敬之的执笔互通，让他对作品有了更加完整和深入的理解，在一切准备工作完成后，关山慷慨激昂地完成了长达 47 分钟、一万多字的《雷锋之歌》。录制后的第二天，《雷锋之歌》在电台公开播放。“那一刻，我就是一个普通的听众，我在捕捉一种力量，一种从声音中传达出的强大的雷锋力量，我感受到了，我知道自己成功了！”关山说道[1]。关山回忆，1976 年，他接到《林海雪原》的演播通知，为了弄清楚书中几个细节，他连夜坐火车去山东面见《林海雪原》的作者曲波，一路辗转不停。曲波在当时是北京第一机械工业部办公厅主任，也是一位复员军人。此前他给曲波爱人打电话请求约见曲波时，却因曲波的心脏问题遭到了拒绝，“不要来了，曲波心脏不好，不要让他难

1　王九月:《演播艺术家关山的“老北京情结”》,《北京纪事》2014 年第 2 期。

图 8-2：2019 年 关山参加“献给祖国的声音·第二届西湖诗会”朗诵（西湖论坛提供）

过了，一难过他要犯病的”。然而，在他的不断坚持下，曲波的爱人终于松了口，“他爱人犹豫很长时间告诉我，曲波回烟台老家了”。他连夜从天津西站买票前往烟台曲波的老家黄县，在烟台待了一天后准备去面见曲波，然而见到曲波之后，却得到了“三天以后再谈”的回复。面对这样的回答，他依旧没有放弃：“曲波同志，我占用您五分钟时间，向您提几个问题。演播《林海雪原》的第一版说杨子荣 41 岁，少剑波 23 岁，差着 18 岁。从有声语言表达来说，23 岁的声音年轻一点，41 岁的成熟一些。可是要从隶属关系来讲，杨子荣是个排长，少剑波是团参谋长，差三级。那么有声语言应该怎么解决这个问题？”曲波回答道：“怎么 41（岁）了？就说搞错了，得改过来，杨子荣应该是 32 岁，两人差个八九岁。这个问题还不大。”他在与曲波探讨的过程中纠正了杨子荣的年龄。除此之外，他还提了一个关于“练习”的问题。“冰天雪地野外练兵，要‘像燕子一样地飞——过——去’。您看这应该怎么播？”曲波听到这个问题后，突然“腾”地站起来，一边说，一边手舞足蹈，“要像燕子一样地飞过去”，曲波一边做着动作一边念着书中的文字，这深深地感动了他。“他一米六左右的身高，甚至还有些残疾，却把当年深山里练滑雪指挥士兵的情景都给我展示出来了。”从拿到书本到开始演播，关山仅花了七天的时间，就完成了与文字和作者的共情，他将《林海雪原》中英雄的独立个性与作战时的深刻感情演绎得淋漓尽致。

关山与文本创作者的共情，不仅是对文本更深层次的细琢，与角色更近距离的相融相通，更是为听众解码消疑的最佳路径。演播文学作品，不仅要得到听众的喜爱，更要得到原作者的认可，要经得起内行的检验。

三、基于声音的受众共情

广播电视人在保证语言信息规范、准确、有效传播的基础上，需要融入自身情感，通过“以情促情”的方式，让听众都能够沉浸在“情感交流”的氛围中，最终帮助受众更好地接收信息、理解信息，从而引起观众内心的“情感共鸣”[1]。关山曾说过，播音员是普通人，要与听众平等交往，朴实真挚。这不但是他的艺术品格，也是他为人的准则。关山从来没有拒绝过听众的请求，教导过很多不是播音专业的听众，不论是年幼的学生，还是普通朗诵爱好者、矿工、农民，他从不吝惜自己的时间，不计报酬地坦诚相待。

1963 年，《雷锋之歌》在电台公开播放后，电台很快收到了来自听众的几百封来信，他们被关山的《雷锋之歌》所感动，要求电台重播。除此之外，其他地区的电台也请求复制，拿回当地播放。在这之后几十年，关山因《雷锋之歌》与许多朗诵爱好者结缘，“他们之中有小学生、工人和农民。有的是喜爱文学诗歌的，想过来和我探讨；有的是迷上了朗诵，希望得到我的专业指导。而我都会尽自己所能地去帮助他们，我觉得这

1 李彦杰:《播音主持言语交际与情感表达策略》,《新闻研究导刊》2020 年第 11 期。

是我义不容辞的责任。”关山与听众的情感在一次又一次的互动中逐渐加深，并在这个过程中觅得不少知音。在《雷锋之歌》的一次公演中，由于朗诵太过于投入，过度激动的关山竟忘了词，然而正当他不知所措时，台下听众竟念出了下一句。“我特别感动，倒不是说自己免除了尴尬，是《雷锋之歌》那么长的一首诗，却有这么多人可以倒背如流，有这么多人可以在诗中觅得知音。”1965 年，关山演播的《欧阳海之歌》感动了无数的听众，甚至有一名听众听了演播之后毅然决定到部队服役：“当年，收听关山演播的《欧阳海之歌》后，我坚定地去部队服役。而今，我已成为退役老团长。关山老师，感谢您的声音影响了我的人生。”听众在关山的《欧阳海之歌》中听到了声音的温度，这是一种超越时间空间的情感互通。1983 年，关山在解读《高山下的花环》的结尾时，被书中的文字深深打动，书稿都被眼泪打湿了，于是关山要求停机听录音，发现录音中的抽泣和急促的呼吸听来非常吃力，于是他要求重录。“播音员、主持人对于情绪起伏很大、感情非常浓烈的作品，在话筒前表达时一定要学会驾驭，要保证听众听清楚听明白，”他对编辑说，“你们手里有书，来龙去脉都知

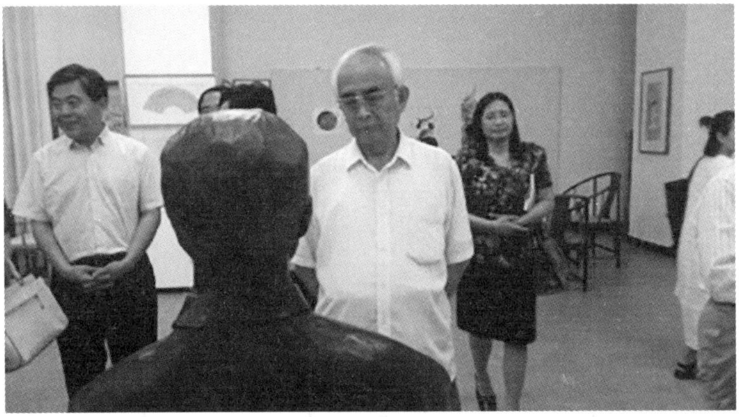

图 8-3：2016 年关山在沧州师范学院齐越教育馆的齐越雕像前凝思（黎明提供）

道，而听众只是听我们的有声语言。如果不考究，就不成了。”[1] 对关山来说，这是播音员理应具有的能力，是应对每一位听众负责的态度。

关山与受众之间的关系不再是“你说我听”的单向音频传播模式，而是心灵的对话，受众通过关山饱含深情的演播更加透彻地理解文本角色的喜怒哀愁，即便无法触及文字，无法眼观四景，这耐人寻味的音频故事早已令人“入戏太深”。这时关山不仅需要注意自己的播音状态与情感，更要聆听听众的心声，感动着听众的感动。他以自己的方式理解听众，并将这一种理解用有温度的声音表达出来，最后与听众产生共情。

第二节 聚焦社会记忆的声音温度

广播电视让有声文学走进了 20 世纪的千家万户，那时人们围坐在收音机旁听关山演播，经历并体验着关山带给他们的真情故事。直到今天，他们将藏在关山声音背后的情感，形成一种独特的共同记忆，最终构建出一种真实、饱满、无法忘记的社会记忆。

一、声音是永恒的温度

关山这个曾经家喻户晓的名字，在群众的共情下，如今俨然成了一

1 彭远方、李京：《六十三载拓声路，关山情怀度若飞——播音艺术家关山》，《浙江工业大学学报(社会科学版)》2019 年第 3 期。

种社会记忆。关山所播出的作品，都能获得无数听众的关注与赞誉。那些曾被描述的角色与不断变化的情景，让本身单一的个体在共同的声音里找到了饱含真情的印记，这样的印记在群众的传播中不断被扩大，最终成为一个时代永远的社会记忆。

1.无私的敬业精神

关怀与敬业是关山对工作和所有听众从未改变的态度，他总是全心全意地演播，对听众无私地奉献出自己的力量，这是听众对关山的一种记忆。曾有一位听众是听着关山的播音长大的，如今已是食品行业的企业家，十分敬爱关山，希望能通过高报酬请关山做广告代言。关山十分感谢他的喜爱，但是委婉拒绝了。汶川地震时期，山东烟台《诗祭》朗诵会向全国招募诗歌朗诵志愿者，关山应邀前往。由于朗诵效果突出，次日《烟台日报》发表了《关山用真情感动世界》的文章，并配发巨幅特写照片。主办方去机场送行时，递给关山一个大红包，关山立刻回绝："我这次是参加赈灾义演，请把它捐给灾区同胞吧！"在关山心中，对工作与听众不求回报的感恩与关爱，才是他应该做的[1]。

2.演播是时代的印记

在听众的记忆里，关山是长篇播演的播音鼻祖，听众追忆彼时聆听关山播演情景时，依旧记忆犹新，"我是听老爷子播讲的长篇演播长大的，《战斗的青春》《海啸》《蔚蓝色的脚印》《欧阳海》！这是我记忆中的一些内容，现在网上能找到的就是《林海雪原》。二十年前在吴家窑大街上，老爷子骑一辆凤头[2]，很帅！""从小听着关山老师播讲的长篇长大的，尤其是《林海雪原》！"

1　声境界:《声音巨匠——关山:朗诵是小众艺术,讲播演不要维肖拟声》，[2019-11-11]，https://mp.weixin.qq.com/s/-8JNFnd9sQYuwN0lllGvw。

2　英国Raleigh公司生产的自行车，因自行车车标上部的图案与凤凰的头相似，民间称其为凤凰自行车。

图 8-4：关山生活照（黎明提供）

3. 一生为播音事业奉献

关山培养了许多播音的学生，直到 2016 年被查出癌症，他才正式停止教学工作和其他一切社会活动。然而，他却依旧在每年的 3 月 5 日，到天津市某小学，为那里的小朋友讲“雷锋叔叔”的故事。这是关山对“雷锋精神”的传承。关山所培养的学生，如今已经在各行各业熠熠生辉，他们中涌现出了教授、播音指导和“金话筒奖”获得者，他们遍布世界各地，为世界播音工作、新闻工作和有声语言创作发光发热。2020 年新冠肺炎疫情期间，关山还参与了 2020“西湖诗会”特别策划——“战‘疫’：声音的力量”，朗诵了《致敬钟南山》《致敬武汉志愿者》，以“艺”抗“疫”，“声”援战“疫”，翘首春天。

二、播音的时代标杆

融媒体时代的技术进步打破了广播播音的神秘感和领地感。播音员、主持人作为广播媒体的从业者，除了在电波中以“有声形象”出现外，也越来越多地通过电视、微博、微信、网站等平台被立体“曝光”。一些播音员为了追求社会热点与时效性，在未能准确把握广播的特征时便进行播音创作，导致演播质量不达标，内容同质化、缺乏特色，很难在节目中与听众产生心灵共鸣。因此，面对融媒体时代的播音困境，不仅需要丰富的技术手段和个性特征，更要把播音的真情继续延续，要达到播音员同听众思想与精神的共情，引领听众感受声音的韵律美、思想美、传播美[1]。

1.理解深，感情真，表达活

这是关山赠予后辈的“九字箴言”。理解是播音表达的基础。“来什么，我播什么。但我从不打无准备之仗，”关山说道，“播新闻、播讲长篇播演，我都是从内容出发。拿到长篇播演，就应该播出它该有的‘味儿’，不能是‘新闻味儿’的。那时候尽管没有理论基础，没有理论指导，但是我知道‘理解是表达的基础’。我的理念是‘不打无准备之仗’，播演时，如果播着前面的内容不知道后边的内容，那你怎么能讲呢？那不叫天才，那叫鬼才。必须得把播演内容从头到尾看完，自己才有感受，这就是‘情动于中而形于声’。”技术能代替我们搜寻文本，但是不能代替我们理解文本。文本的情感和内涵挖掘，依托于播音员和主持人在文本理解过程中所做出的努力。只有用心理解了文本的角色、背景和各处细节，播音才能表达出契合作品的饱满情感，才能为受众带来一场听觉盛宴。

2.真情是播音表达的核心

“你心里怎么想，你就大胆怎么播！”这是关山对中央人民广播电台播音指导虹云所说的，给虹云带去了极大的鼓励：“在我心里，这与齐越老师教导我的‘玩真的’完全一致。从关山老师这里，我学到了‘真诚’。正因为‘真’，即使没有播好，我也能很快找到原因，敢于真实面对，努

1　周迪：《广播播音主持中的共享共鸣共情》，《中国广播电视学刊》2019 年第 10 期。

力改进。”[1] 播音员、主持人要在面对融媒体时代更加丰富的文本资源与更加快节奏的播音需求时，依旧保持初心，保持真情，做到形式上深入浅出、逻辑上环环相扣、语言上准确到位。确保节目经得住社会审核与公众质疑，尽量使用准确无误的语言、生动形象的声音来表达观点，给听众带来真实感受，赢得听众的认同，产生心灵上的共鸣[2]。

3. 灵活是播音表达的魅力

“播音要灵活，不能墨守成规”，这是关山在一次采访中对播音员提出的要求。在关山的每一次演播中，他都能将一个个性格迥异的人物演绎得生动鲜活，他大胆的创作思想和丰富的播法带动了整个天津人民广播电台清新活泼、洒脱开放的“播风”。但是关山也强调，播音员是党的宣传员，不能只谈个性没有党性。他反复强调播音员在话筒前要牢记自己是党的宣传员，要对他人宣传正能量，还不能忘记教育人者必先受教育这个准则，要严格自律。只有将个性与党性两者合理协调与平衡，才能取得更好的播音效果[3]。

关山与播音的共情，是对文字的用心细琢，是对环境的冥想重现，是与角色的相融相通，是与作者的深入探索，是对播音的真心真情。关山用一生演播了具有温情的播音故事，其播音轻柔时如春雨润物，激扬时似万钧雷霆，将一篇篇脍炙人口的演播作品，融进了几代中国听众的记忆。关山的播音艺术风格源于其与文本、作者、受众的情感互通，将真情深深贯注于作品中，在演播中感动他人并感动自己，这为中国播音风格的转变带来了巨大的影响，为新时代广播电视工作者重塑了播音的温度。关山对播音求真求实的演播是共情的艺术，值得每一位播音员用心解读。

1 虹云：《满天星般的继承发展》，《浙江工业大学学报（社会科学版）》2019 年第 3 期。

2 周迪：《广播播音主持中的共享共鸣共情》，《中国广播电视学刊》2019 年第 10 期。

3 彭远方、李京：《六十三载拓声路，关山情怀度若飞——播音艺术家关山》，《浙江工业大学学报（社会科学版）》2019 年第 3 期。

第三节 关山度若飞

几十年来，关山演播的优秀作品数不胜数，因此被中国广播电视学会评为“为新中国广播电视播音事业做出杰出贡献的十位播音艺术家”之一，也是我国首批5名播音指导之一[1]。这位播音名取自《木兰诗》“万里赴戎机，关山度若飞”的播音艺术家，如今已家喻户晓，他用60余年向听众演播声音的温度，尤以演播长篇作品著称。自20世纪50年代末开始，关山演播过300多部作品（其中长篇100余部），影响较大的有：《雷锋之歌》《欧阳海之歌》《保卫延安》《红旗谱》《林海雪原》《暴风骤雨》《海啸》《闪闪的红星》等。他的播音特点是音域宽、音质美、清脆悦耳、铿锵顿挫、声情并茂、朴实自然。他不赞成搞维肖拟声，他追求神似，用纯语言艺术把演播中不同性格、年龄、身份的人物刻画得生动鲜明，跃然入耳[2]。

在融媒体环境下，我们可以看到科技给播音工作带来的极大便利，在追踪社会热点过程中的时效性强这一优点尤为凸显，但其对“播音求真求实”的让步使得声频共情变得困难。因此，在如今的播音工作中，如何发挥声音的魅力，以情动人，以情感人，在情感上与听众形成同频共振，提升节目吸引力和感染力，扩大广播媒体的公信力和影响力显得尤为重要[3]。而关山作为中国播音艺术家，始终如一地追求播音的真情实感，成为一代人的共有记忆。

1　虹云：《满天星般的继承发展》，《浙江工业大学学报(社会科学版)》2019年第3期。

2　王喆：《难忘的中国之声——播音员关山》，《中央广播电视台中国之声》，[2019-04-27]，https://mp.weixin.qq.com/s/kw9b-Sw7Dv3FdQ9ZJEcCiQ。

3　周迪：《广播播音主持中的共享共鸣共情》，《中国广播电视学刊》2019年第10期。

一、播音的求真求实

2019 年，浙江工业大学很荣幸邀请了关山老师参加西湖诗会，并对他进行了专访。关山告诉我们，他上次来杭州是 2004 年，算起来已经 15 年没来过杭州了，他很高兴受邀参加西湖论坛。他说："虽然我的身体状况每况愈下，走路都有点吃力，但是听到播音专业的呼唤，还是要尽自己所能。我觉得西湖诗会是专业探索的一次盛会。因为有很多新的东西，对我们老播音员来说，也是一次学习机会。"

在采访中，我们问及关山是如何进入播音行业的。他说最开始他是通过讲故事这种艺术形式进入播音行业的。"五岁的时候，我就在幼儿园里表演'小兔乖乖'节目，我在北师大一附小上小学时，不仅有写字课，还有说话课。我当时作为班里代表、年级代表、学校代表去北京广播电台讲故事。我记得一年级刚开学时，有一天突然暴风骤雨，那时候还没有塑料雨伞，只有黄油布雨伞，一般穷孩子都没有雨伞，放学了大家都走不了。语文老师项老师说，那他先给我们讲个故事吧，他就给我们讲起了《快乐王子》的故事。项老师讲得非常好，我当时听得特别入神，满眼都是泪花。当时我心里想，我要是能像项老师一样把故事讲得这么好该多好呀。我现在 80 多岁，但我的台龄已经有 70 多年了，为什么这么说呢？因为我 10 岁多就代表学校到北京广播电台讲故事。"

1955 年，关山参加了天津市职工业余朗诵观摩会，得了一等奖。1956 年，他进入天津人民广播电台当播音员。他刚去台里时，播音组一共 12 个人，称为"十二金钗"，都是女生，他是第一个男播音员。关山说，在他没去之前，女播音员就通过女中音女高音的方式对播，节目转播时，她们就请主任帮忙。新闻、工业节目、农业节目、少儿节目都需要男女生轮流播音，因此等他去了之后，他就一直在播节目，每个节目都少不了他的身影。关山说：“我就是胆大，每个节目都不畏惧。每一个节目都参与，那质量肯定不会太高。但通过不断播节目，锻炼了我的业务能力。”

关山还给我们讲述了他取“关山”这个播音名的缘由。“五十年代的播音员，属于机要人员，不允许用自己的名字，必须要取播音名。我们当时的电台台长是卢迪，他有文化，女播音员的播音名都是他取的。我去电台的那年他正好作为广播代表团的一员去苏联。进电台的当天（8月1日）我播了30分钟的直播，讲的‘七夕牛郎织女天河配’的故事。两天后，我直播了农村节目，没报播音名。再过了一两天，我演播《木兰诗》中‘万里赴戎机，关山度若飞’这句话时灵机一动，要不我就叫‘关山’吧。我觉得这个名字朗朗上口，有阳刚之美，也适合男生，我就和当时的副台长杨勋说了这个想法，他也同意了。从那时起我就叫关山了。”

关山说，最开始进入播音行业都是自己在慢慢摸索。“那时候欲学无门，我1956年在电台工作时，全国还没有广播学专业，1963年北京广播学院才成立，设立了广播学专业，我在1964年就被广播学院请去教文艺课了。那时候的播音稿都是油印的。齐越老师的《如何播最可爱的人》、夏青老师的《打掉新闻的八股腔》等稿子都是油印，最后纸都磨破了。”

关山的很多作品我们都耳熟能详，为播音事业积累了很多经验。熟悉关山的人都知道，他特别喜欢演播小说。在采访中，我们问他为何对小说这么情有独钟。他回答：“我之所以被调到电台，就因为我的小说等文学作品朗诵得好。1956年，我考取了中央戏剧学院，当时800人报名招20人，现在8000人也不止，但我家境一般，那时已经工作了，父亲已经年老，母亲又是老病号。我回家和母亲说了这个消息，她一掉眼泪，我就觉得应该做孝子，就没去戏剧学院上学。因为我父亲是读书人，从小就教我诸如《古文观止》《唐诗宋词》《百家姓》等作品，所以后来我到文艺部工作，拿到诗歌类的稿子，觉得似曾相识，但不怎么记得了，看完解说全都记起来了。理解是表达的基础，这方面我非常感谢我的父亲。”

关山与齐越老师也有很深厚的渊源。在采访中，关山告诉我们：“讲起齐越老师，我眼含泪水，他太好了。他是我的老师，是崇高的共产党员。他是延安新华广播电台的播音员，是新中国第一代播音员，他对党忠贞不二，对中国革命绝对忠诚。我和他第一次接触是1973年，当时广播学院给播音员办班。这个班的原名是‘老播音员经验交流会’，刚开始申请时没批准，后来改成‘毛泽东思想学习班’才批准了。一个电台去一个人，天津台组长是我，我就去了。到了学院以后，秘书宣布我们的班主任是齐越老师，我当时高兴极了。我1956年8月1日入职天津人民广播电台，当天晚上我坐在办公室听节目，最开始是夏青的节目《金声玉振》，接着是齐越老师的音乐芭蕾舞剧解说——《巴黎圣母院》。我觉得齐越老师讲得太好了，我当时就想将来有机会一定要向齐越老师学习，没想到后来齐越老师到广播学院教书，做我们老播音员学习班的班主任了。我也很珍惜这次学习的机会，他也比较器重我。我们录了几套录音给工农兵，工人是北京郊区石油厂，农民是王国福生产合作社，分别开会，兵是坦克团，把我们的录音给他们。我当时录的是乔冠华在联合国大会上的发言。有一次我参加了一个匿名播音比赛，当时我是2号，有评委说‘这个2号播得挺有感情的’，齐越老师接着说‘有没有小说味啊？！’当时我的脸一下子就红了。我和齐越老师是亦师亦友，他对我产生了很大的影响。齐越老师的作风特别好，我后来了解了他的很多事情，他是老播音员了，工资是我们的几倍，但是他出去讲课从来不收劳务费，很多领导都住酒店，他和学员一起住大通炕。”通过关山的讲述，我们也更加了解了齐越老师，老一辈播音员不仅专业知识令我们敬佩，他们的德行也值得我们学习。

近些年，我国的播音行业也在不断进步，从最开始的播音员发展到后来的主持人，现在的样式更多了，融媒体时代出现了一些网络主播。我们问关山老师，他对播音主持的新形式、新特点有什么看法，他告诉我们："我听得看得很少，别说网络，我的手机也只有接打电话的功能。我听到新人们谈个性，我对此有一些个人的看法。个性与党性应该密切相关，抛开党性只说个性肯定不行。播音员、主持人是党的宣传员，首先要为党服务。当然我们也应该弘扬个性，应该有特点、有特色。"

在采访的最后，关山还送给晚辈们一些寄语："我们那个年代对播音主持的要求是准确、鲜明、生动。后来我从事教学时，对学生播音的要求是理解深、感情真、表达活。播音主持离不开真善美，要说真话、吐真情。不要矫揉造作，不要拿腔作调，我最反对装腔作势。要脚踏实地，把握内容，理解是表达的基础，对播音内容尤其要加深理解，不要忘乎所以。"

（关山口述）

二、把播音的水平定在高位

刘青和关山是亦师亦友的关系，他们相识了有 70 年之久，一起在天津广播电台工作了数十年。我们有幸邀请到了刘青参加"中国播音口述史"的专访。刘青热情而又真诚地与我们对谈，通过与她进行交流，不仅丰富了我们对关山的认知，也使得我们对天津广播电台的发展有了一定的了解。

在采访中，刘青回忆了初见关山老师的场景："第一次见关山老师是 70 多年前了，我当时小学还没毕业，我姐姐带我去他们公司（天津土产

图 8-5：20 世纪 50 年代关山（二排右一）参加集体朗诵合影（刘青（一排右一）提供）

进出口公司）参加新年晚会，看他们表演节目。一个年轻人的朗诵表演吸引了我的注意，全场的观众也都特别兴奋。我姐姐告诉我，这个人是丁威。关山在从事播音工作以前，原名叫丁威。”

刘青告诉我们，关山潜移默化地影响她走上了播音道路：“后来我刚上初中，天津市举办了一个中学生的文艺比赛。我当时是舞蹈团的，但是我报了一个朗诵节目，我选读了安徒生的《卖火柴的小女孩》，并在这次汇演上得奖了。实际上，我参加朗诵比赛是因为关山的朗诵艺术魅力潜移默化地感染了我。从那以后，我就热爱上了朗诵艺术形式。我上初二时，天津市广播电台成立了业余的广播剧团，我也成功考取了。在成立大会上，电台的领导宣布关山是业余广播剧团的副团长，负责业务工作。从此以后关山就成了我们这些年轻人的带头人，是我们剧团各种节目的主力，带领我们走上了广播剧文学朗诵的道路。”

刘青还给我们介绍了当年天津台业余广播剧团和专业表演团体的一些情况。“那时电台文学组为业余广播剧团选择的广播题材特别宽泛，古今中外的作品都有。印象最深刻的是，他们把《钗头凤》改编成了广播剧。在天津的文艺界，这是《钗头凤》第一次被改编成其他艺术表演形式，天津人民艺术剧院在《钗头凤》的广播剧录制了很久之后，才制作出《钗头凤》的话剧。所以，当时我们觉得能出演《钗头凤》广播剧，真的非常自豪。关山在剧中饰演的是陆游，他之所以能把这个角色演绎好，是因为他有很深厚的文学功底。另外，他之前尝试过不同类型的表演形式，有一定的实践基础。那时我们在台里表演和外出演出都是无偿的，关山带着我们外出演出时，有时候主办方会从工会的费用里给我们开点劳务费。他就带我们去劝业场一个叫‘康乐’的小吃店吃饭，这个小吃店在当时算比较高档的饭店了。大家围坐在一个桌子上，有说有笑的，特别高兴。现在想起那时的场景，仿佛还在眼前。1958 年全国各个电台都成立了表演团体，天津台就以业余广播剧团的演员为基础，成立了一个专业的表演团体。那个时候他在播音组做播音员，我在广播剧团做演员，有时候会在录制节目时碰到，有时候我们也会一起合作。”

刘青也经常听关山的节目。在采访中，她告诉我们：“在他播的长篇小说里，我印象最深是《林海雪原》，我们不仅要听，还要学习业务。那时候听众对广播事业的热情特别高涨，当时经济水平还比较低下，电视机还没有普及，大家都是听收音机。我当时住在天津南开区，每到夏天时，整条街的门帘住户们就把小桌子摆到街上吃饭，他们屋里的收音机一定在大声地放着关山的《林海雪原》，现在想起当时的场面还真觉得有点壮观。包括长篇小说在内，他的朗诵作品基本上都是天津市朗诵爱好者们的样板。比方说克雷洛夫的《撒谎的人》、鲁迅的《立论》等，这些都是我们天津市专业和业余朗诵爱好者们的样板节目。”

在刘青看来，关山在演播《林海雪原》这个时期，演播特点是鲜活。“新中国成立初期，电台播音员传承了解放前延安电台播音员的播音风格，基本上就是读、念稿子。有一些老播音员，像梁鲁元、冯作民，开始尝试在文学节目里用‘说话的方式’和听众交流。但是因为各种原因，他们调离了播音岗位。到了关山这儿，他也带来了新的播音形式，他把过去的‘念’和‘读’变成了‘说’，还掺杂了‘演’的成分，他把小说讲得特别鲜活。他播音风格的形成与他深厚的文学修养、接受的文艺教育、表演实践等因素有很大的关联，他把他所学的东西都运用到播音当中。在青年时代，他参加了我们天津市第一工人文化宫的话剧团，后来又参加了电台的业余广播剧团，他在表演方面接受的训练还是比较扎实的。他原本语言表达能力就很强，口齿清晰。他当了播音员以后又掌握了播音严谨、清晰、鲜明的特点。这样他就具备了这两个行业的特色，而且分寸掌握得也特别好。比如说，在文学节目和长篇小说的播演上，他虽然减少了表演过度修饰的手法，但是仍能体现人物的鲜明特点。因此，没过几年，关山在我们当地的听众中就小有名气，大家都喜欢听他的节目。我之前在家听他的小说广播时，都是闭着眼睛听，想象他说的那些话塑造出来的人物形象是什么样的。一边听，一边思考。可以说，关山调到播音组从事播音工作后，给天津电台的播音风格带来了一股新清流。他创立了我们天津电台播音的特色，这种播音风格仍被新一代的播音员所传承。他培养的学生也都具有这方面的特色，特别能适应现在的主持风格。”

刘青是 1962 年进的播音组。她说她能进播音组，和关山有很大的关系，关山也给她的播音工作做了很多指导。“在我进播音组之前，有一段时间播音组的人手不够，他就让我在播音组替班，承担一些节目的录制工作，他有意识地把我和他排在一个班次、一个节目里，我们俩要么对播，要么他看着我播。因为他感觉播音和表演还是有区别的，我换到播音组不一定能播好，他就监督和辅导我。按理说这种临时性的替班工作，他不必费时费力去盯。对我来讲，他亦师亦友。替班的那段时间里，他告诉我播音员说话跟演员说话有哪些不同，‘你得找到不同的感觉，即使是调门，你也不能按照演员调门的方法去定’。另外，他也会对一些字音、断句做具体的指导。”

刘青正式成为播音员后，也经常和关山合作。“1963年以后，天津市的‘抗旱、灌溉、防洪’工作经常举办广播大会，就像现在的现场直播一样，电台要派两个播音员去现场随时反映各地的情况。当时就派我们俩一起去现场。现场报道与舞台表演和话筒前播音的感觉不同，要减少表演修饰的成分，要做到真实，他的报道是我学习的榜样。每一次演播前后，他都会对我进行指导，告诉我哪里演播得不好，应该注意哪些地方。那时不像现在有专门培养播音员的学校，对于没有经过专业训练的播音员，除了进入电台之后有一些培训，其他的只能靠前辈们细心地帮助和指导。”

在采访中，我们还得知刘青的播音名是关山取的。“我从广播剧团调到播音组后，被告知要起一个播音名。我问他，我要取什么名字呢。当时他的手里正拿着一本诗词，里边有一个作者叫刘卿，他说，你就叫刘卿吧，我说行，就叫刘卿吧。我们把自己的播音名刻了一个小印章，排表时把自己的章印到排班表的相应位置上，那时我用的还是‘刘卿’，后来我觉得这个名字写起来不方便，就改成了青年的青。我们播音组新来的播音员好多名字都是他帮忙取的。”刘青还补充说，“他看的书特别多，那时候他住单身宿舍，别的同志下了班都回家了，他还一直在办公室看书。而且我们在播报时，遇到不懂的词语、句子，一问他就能明白，说明他的文学修养深厚。他对字音掌握得特别准确。普通话改革以后有一些字音变了，不会读的话问他他准知道。”

关山在天津的播音员、主持人心目当中，有着很崇高的地位。刘青说：“我们那时候给他起了个外号，叫‘权威’。这么称呼他不是讽刺挖苦，我们真心认为，他在播音主持方面是权威。但是，他并没有追求过自我权威。”刘青这样评价关山的播音风格，“他的播音整体特点是舒服，不矫揉造作，塑造的人物形象也特别鲜明。另外，他的播音风格中既有过去老播音员严谨、认真的一面，也有艺术表演工作者豪放、洒脱的一面，这两种语言特点在他身上融合得特别好。解放战争时期和新中国成立初期的那些老播音员们没有个性，而像我这样有表演基础的播音员又缺少严谨性，他把这两方面的特点融合得特别好。不管是人艺的演员也好，还是我们电台的播音员也好，大家有一个统一的观点，就是他将播音员的特点和艺术表演工作者的特点很好地融合在一起。所以我们给他起了‘权威’这个外号。”

关山不论播什么节目都非常流利，几乎不出错。刘青说：“六十年代中期兴起了直播，记者写好稿子，送到后台，播音员拿到稿子立马上台去念、去播，他播报很少出错。因为外国的人名、地名和国内一些少数民族的人名、地名不好念，他怕我直播时出错，就把这些稿子都播报了。广播大会一般从下午到晚上，他一直坚持把稿子播完，中途基本不吃饭，也不休息。”

关山也非常愿意帮助年轻的播音员。刘青告诉我们：“20世纪60年代，播音界还没有出现‘一帮一、一带一’培养学生的方式。那时候，我们在节目录制前都会找关山老师试听，让他提意见，然后根据他的意见去修正。我和我同龄的梁真、王楠等人都找关山老师试听过。我的大部分节目都请关山老师试听过。他经过录音室看到我在录音，一定会停下脚步，在那‘听一耳朵’。我要是录得不好或者录错了，他就会打断我，给我提建议。”

刘青认为关山给后辈播音员、主持人留下的最大财富是他有一个既定的目标：把天津市的播音主持水平保持在了高位。从他起初从事播音工作一直到他离开工作岗位，他从来没有放弃过这个目标。不管是过去通过“一帮一”的方式帮助其他同事提高播音水平，还是后来他为播音员、后进者举办培训班，他都一直坚持最高的目标，也的确一直把天津市播音主持的水平保持在高位。

在采访最后，刘青还对关山老师做了高度的评价：“他从来不追求奢华的生活，简单朴素。在播音组的这几十年，他从没误过一次班，而且凡是有空班的，准能找到他替班。尤其是20世纪60年代初期，他住在广播局大院里的集体宿舍里，直播间缺人手时，马上就能找到他，让他替班。播音部门对时间要求特别严格，因为有他在，我们部门从来没出现过大问题。他有把天津广播电台的播音事业越办越好的使命感，他一生都没有放弃过追求这个使命，时间、身体状况、在不在岗都没有对他实现自己的使命产生影响。他坚持不懈的精神，还有他的韧劲实在让我心生敬佩。”

（刘青口述）

三、播音求真求实的毕生演绎

天津广播电台播音指导黎明在播音事业上曾接受过关山的指导，后来也和关山成了同事，与关山关系密切。我们也有幸邀请到他参加了“中国播音口述史”的专访。

在采访中，黎明先给我们讲述了他初听关山的情景。“我记得我上中学时，我们学校所有教室里都放了关山老师朗诵的《雷锋之歌》，40多分钟的长诗，关山老师大气磅礴一气呵成，令我非常震撼，至今想起来还是心潮澎湃。但那个时候我从来没有奢望过有一天我会见到关山老师，我更没有奢望过有一天我会成为关山老师的学生，也没有奢望过我会跟他在同一个大院里工作。”

随后，黎明回忆了初见关山的情景。“20 世纪 70 年代天津市的职工文化活动办得非常好，比如说第一工人文化宫既有讲故事的培训班，又有朗诵培训班。天津的各个企事业单位都要派一部分人到培训班学习。我非常幸运地被推荐到这两个朗诵培训班，朗诵培训班的授课专家就是关山老师。我记得第一天上课的时候，看见关山老师不能说战战兢兢，但是就觉得不可思议。我坐在后排，跟关山老师也没有过多的交流。那天老师讲的是长篇小说《欧阳海之歌》的创作过程，我听得特别入迷。下课以后，有的学生跟关山老师交流，有的找关山老师签名。我正往外走的时候关山老师叫住了我，问我是走着来的还是骑车来的，我怯怯地说骑车来的，关山老师说他也是骑车来的，让我等他一起走。一路上关山老师问我在哪里工作、为什么喜欢朗诵、喜欢什么样的作品诸如此类的问题，我一一回答，不知不觉我把老师送到了家，我又骑车 30 公里回到我的单位，一路上我跟做梦一样，觉得能和关山老师相识，并受到他的教诲实在太不可思议了。这就是我初见关山老师的过程，终生难忘。”

黎明说参加这次培训班对他产生了很大的影响，为他以后成为专业的播音员奠定了基础。他不仅对朗诵艺术有了新的认识，而且这之后他更加喜欢朗诵等语言艺术形式，他们单位举办的各种活动特别是朗诵、主持节目他都积极参加了。黎明回忆：“我记得天津市有一次举办业余的普通话大赛，我当时报名参加了这个大赛，我选择的作品是《我是青年》这首诗，我到现在对这件事记忆犹新。因为当时我没有受过专业的朗诵训练，没有语言艺术的基础，更别谈技巧什么的，所以朗诵得不是很好。那时很想请关山老师给我辅导辅导，于是我就壮着胆子去找关山老师。那天下着雨，我抱着一个大录音机就去了关山老师家，那个年代还没有录音笔或手机录音。关山老师热情地接待了我。我就跟关山老师说我是来请他帮我辅导朗诵《我是青年》的，关山老师就先让我朗诵了一遍。朗诵完以后，关山老师跟我讲：第一，朗诵诗歌时，要了解作者的创作意图，这首诗的内涵以及它体现的思想感情；第二，要用心去朗诵，要有真感情；第三，朗诵是一种艺术，艺术是有创作规律的，不是说大喊大叫就是朗诵。后来老师一句一句地教我，我就一句一句地学，直到老师觉得我朗诵得还凑合才停下来。在我离开老师家前，老师让我把录音机打开，把这首诗完整地给我朗诵了一遍。他说：‘你回去一定要听，但是不要模仿，要体会我为什么这样朗诵，体会出所以然来，这样你才能有进步。’当时我不知如何表达对老师的感谢之情，真的很受宠若惊，觉得我怎么会那么幸运。那次大赛我取得了好成绩，也算是没给关山老师丢脸。”从黎明讲述的这件事中，我们能体会到关山对后辈的用心和耐心。

黎明还坦率地告诉我们：“我在从事新闻专业之前跟关山老师接触不多，关键是没有机会，甚至可以说不敢和老师交流。尽管我初识关山老师时，他给我留下了平易近人的印象，但其实在我心里依然觉得关山老师很高冷、很严肃，不怒自威。我们台里许多播音员敬畏他，同时也很怵他，这点我也深有体会。但这对我和关山老师成为亦师亦友的关系没有产生太多的障碍。”

根据黎明老师的讲述，我们得知，黎明原来是天津市某机关的政工干部，20 世纪 80 年代末正好有一个非常难得的调任机会，经过多科考试、多轮面试和严格考察之后，他调到了天津人民广播电台经济台任专业播音员，报到那天他在电台大院看到关山老师，高兴地上前打招呼，关山老师严肃地问他：“你怎么来了，有什么事吗？”黎明老师把情况跟关山老师一说，关山老师只说了两句话“不错，好好干”。关山老师讲话总是言简意赅，“好好干，不错”“好好干，努力”是他常挂在嘴边的话。但正是这言简意赅才让后辈播音员记忆深刻，受益一生。

在业务上，关山给予了黎明非常多的指导、帮助和启发。“我们这一代播音员不像路芳老师那代播音员是关山老师手把手地教的，也没有机会让关山老师带着我们做广播操、口型操，更没有机会把稿子一遍一遍地播给老师听，让老师仔细地调教。我到电台的时候，关山老师已经离开播音一线，调到局总编室从事理论研究了。但是，关山老师一直很关心播音员、主持人。我记得我在台里第一次主持的节目是《天津早晨》，这是一档新闻版块节目，内容涵盖了新闻、话题、专题、服务等等。关山老师听完我的主持之后，还是严肃地说：‘我听你的节目了，第一次播还算不错，但是声音怎么这么高？气息、吐字、发声基本功要下功夫练。’然后跟我说，主持人类的新闻节目如何在播和说之间寻找规律，版块节目涵盖的内容多，不同类型的稿件怎样有区别地表达，要用心、要真诚，等等。后来在我主持节目稍稍成型时，他就跟我说，最近不错，还可以，别放松，好好练基本功。关山老师说话特别简洁明了，但他每句话的背后都饱含着对我们的嘱托或关心。”

黎明这样评价关山：“关山老师是个很阳光、很正直的人，他看到不公正或者错误的事情，他就会批评或指导。他很少表扬人，但是他会用很简单的话语，或者用一个眼神、一个动作给予你鼓励。与关山老师相处的几十年，我感受到了他对新闻事业的热爱，对每一部作品的全身心投入。他跟我说，有条件的话，播每一部作品都要跟作者见面交流，甚至要不惜奔波百里千里去拜访作者。他这一生播讲了几百部书，每一部都是经典，每一部都浸透了他太多的心血，他是用生命播音的人。他告诉我们做人要真，干事要实，做业务要往尖子上走。人这一生有一个好的单位幸福，遇上好的领导幸福，遇上好的老师幸福，这就是我的体会。”

他也回忆了关山对他语重心长的教诲：“我到台里半年后，台里让我参加华北片区播音主持工作会议，这期间我跟关山老师相处了好几天，每天晚上用完餐我们就到海边转转，他给我讲了台史、业务等。他还对我说，‘这个环境很复杂，自己要有主见，要有定力，要正直地往前走’。他不单教我业务，更教我做人，做合格的新闻人。我不论是节目变动、岗位变动，还是职称晋升，他只要知道了都会跟我简单地说，‘不错，好好干’。有时还会给我出出主意、点拨点拨。”

黎明和关山成为同事之后，同台朗诵的机会很多。“每一次关山老师都认真参加彩排，从不含糊，他对新闻事业和舞台的敬畏深深感染着我。他会毫不留情地指出每一位学生在业务上存在的问题。因此，大家敬他、怵他。可能由于性格使然，我在关山老师面前几乎没有唯唯诺诺过，可以说率直的老师遇上了率直的学生。有一次我们参加天津市纪念毛泽东主席“在延安文艺座谈会上的讲话”大型演出活动，彩排后几位朗诵者围在关山老师身边听他点评，我坐在后排静静地听着，过了一会儿，关山老师回头严肃地盯着我，我心想坏了，不知哪出问题了，我就说了一句，‘有问题您就说呀，这样看我有点太让人紧张了’，关山老师就指出，泪飞顿作倾盆雨的‘顿’字应该怎样读。听他讲完，我顿悟了。演出结束他对我说了两个字‘不错’。”

关山即使离开了播音管理部，仍然不忘辅导后辈播音员。黎明讲道：“关山老师五六十年代至八十年代任播音部主任，到了2008年我接过了这副担子。随后的岁月里，播音部所有的活动关山老师只要有时间都会来参加，给予了我们大力的支持。天津电台的领导非常重视播音部的工作，更重视播音队伍的成长，我在负责这项工作时，每年台里都会拨出一定的资金作为播音员人才成长基金。我们确立了五个项目，其中一项就是‘导师辅导’，我们在中央台聘请了几位专家作为我们的导师，天津台我们聘请了关山老师作为后辈们的导师。自从关山老师被聘为导师后，

图 8-6：1989 年关山（右）与学生黎明（左）在北戴河合影（黎明提供）

他每周都会抽出一定的时间风雨无阻地辅导学生们，从理论到实践，从话筒前到舞台上，不厌其烦地把这些知识教给学生，当时关山老师也是 70 多岁的老人了，但每次都是精神矍铄地授知识、讲传统、带新人。关山老师教授的学生有好几位都获得了‘金话筒’。天津电台几代播音员主持人的成长都浸透着他的心血。”

黎明还具体给我们分享了关山在天津台当导师一对一辅导学生的过程中的一些故事。“一开始我们给关山老师安排了两个学生，这两个学生都是非常优秀的学生，关山老师也特别愿意带他们。后来，我们纳入人才成长基金的学生，还有刚进电台的学生都想听关山老师的课。我就跟关山老师说，‘这么多人想听您的课，您同意给他们上课吗？’关山老师说，这有什么不同意的，带学生是好事，他说不怕学生水平不高，能慢慢提高就行，他就把学生全都吸纳过来了。他课上的学生很多，他也不怕累，他把每个学生每堂课的情况都记在本子上，然后自己出提纲出段子，让学生进行练习。他还会陪着学生到录音间录作品。老人家之所以

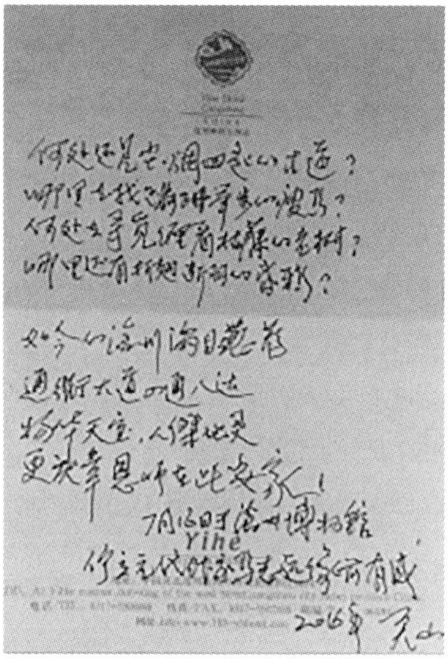

图 8-7：2016 年 7 月 16 日关山于沧州齐越教育馆伫立元代作家马致远像前有感（黎明提供）

这么下功夫，这么用心，就是希望播音队伍的人才不要流失，播音队伍的优良传统不能丢，这就是他的心愿。”

黎明说：“关山老师是老一辈播音员，是权威，但是在播音管理部的工作上从不指手画脚。播音部组织的各种活动关山老师给予了太多太多的支持。无论是朗诵会还是评选优秀节目，无论是评选十佳播音员主持人还是任专业评委，关山老师只要有时间从不推辞一定参加，甚至会一一点评。这不单是对我工作的支持，更是对新闻人才培养事业的支持。他像一座山，既让你仰视又让你依靠。”

关山老师 80 岁以后，黎明也多次陪同老人家外出开会。“我们一起去了南京、北京、沧州、杭州等地。他从不因为年龄大了提出任何要求。在沧州参加完齐越教育馆的开馆仪式后，他让我帮他录了几句祝福的话给教育馆，并用宾馆的信笺写下一段话以表心情。我们受瞿弦和老师的邀请一起到北京录制闻一多专辑，关山老师当年已经 81 岁，他把《洗衣歌》朗诵带表演一气呵成，那气势真是无人不赞。2019 年受邀请来杭州参加‘西湖诗会’，他一再叮嘱我不要给会议添麻烦，他把自己的朗诵作品一遍一遍地斟酌，85 岁的高龄在舞台上依然声音洪亮，铿锵有力，感人肺腑。他把人生中最后一次大型户外演出留给了杭州，留给了‘西湖诗会’。他曾跟我说，有机会还要来参加西湖诗会，可西湖未来，他却远去……关山老师的离去我们很痛苦，但是我们应该把关山老师崇高的职业精神和敬业的光荣传统传承下去。当我们致敬关山老师的时候，也是在致敬给予我们生命之光彩的广播事业。”

在黎明看来，“真诚、大气、正能量、震撼、创新”这几个关键词构成了关山播音风格的灵魂。他是一面旗帜、一座高峰，至今天津台无人可比。关山留给后辈播音员最大的财富是他对党的新闻事业、对广播事业的忠诚，不计名利的奉献态度，锲而不舍的创新精神。我们必须把这些红色基因传承下去。

（黎明口述）

四、对广播事业的精益求精

天津广播电视台播音指导路芳参加“中国播音口述史”专访时说：“参加这个节目的录制我特别开心，这也是致敬我的恩师关山老师的一种方式。我是 1974 年的 10 月 28 日到天津广播电台报到的，1986 年我调到了天津电台的新闻部。我和关山老师在播音组一起工作了 12 年。他奠定了我的从业基础，同时也给我指明了人生努力的方向。可以说关山老师是我进入播音行业的领路人，我非常地感谢他。”

在与关山老师近距离接触之前，路芳老师先在中国大戏院听了他的

图 8-8：2020 年 4 月， 学生在关山（左）老师家的庭院（路芳（右）提供）

播音朗诵专题报告。“我当时对他的印象是他很瘦，但是声音非常洪亮。我之前在广播中听他讲长篇小说《欧阳海之歌》、朗诵《雷锋之歌》时，我认为他应该是高高大大、很壮的形象。”

关山对新入职的播音员有着极高的要求。路芳说：“在政治情操和思想情操上，他告诫我们爱祖国、爱人民是做好这份工作的前提，同时不能自我膨胀，要知道自己的斤两。在职业操守上，他对我们的要求更加严格。他告诉我们节目不分大小，也不分是什么形式的播音，坐在话筒前，你就是党的宣传员。这两点可以说指导了我从业的一生。”

关山对中国广播事业做出了很大贡献，尤其在天津广播播音队伍的建设上，做出了突出的贡献。路芳回忆：“我现在想来，我入职时 19 岁，关山老师年纪也不大，比我大 20 岁，还不到不惑之年。他带着我们一起探索，他把当年他老师告诉他的再传承给我们，我们就跟着他学。他告诉我们吐字要清楚，发音要准确，声音要洪亮，表达要流畅，感情要真挚。他说你做一个播音员，如果你是假声假气，你是假情假意，你不可能感动你自己，更不可能感动听众。这一点我也是受益终生的。用心去从事这份工作，用心去体会稿件，才能够动心动脑动口，才能够表达准确，才能进行二度创作，这是我从老师那里得到的法宝。”

关山不仅高标准要求播音员，而且非常重视播音部的团队建设。“那个时候，机关单位都是8点来上班，但是关山老师要求播音组必须7:30到岗，有孩子的妈妈也要到岗。到岗后我们要集体做广播操、口型操。先把口腔打开，然后舌头在口腔里转，叩牙齿，然后上下唇碰撞……这样会让发音有力度，是非常有效的一种口腔运动。通过训练，我们录音时口腔打开了，肺活量也提升了。在1986年关山老师调到新闻调研室做新闻调研员之前，我们一直在坚持练习。无论春夏秋冬，大家都会到岗。下雨下雪的时候，我们就在一间大办公室集体做广播操、口型操。这是关山老师在团队建设上的积极探索，我们也从中受益良多。他说我们只有有团队意识，才不会把个人得失看得太重。而且他说他要求我们7:30准时到，是为了告诉我们播音员就是战壕里的战士，一声令下，我们就

图 8-9：1999 年关山（一排右二）参加天津电台国庆五十周年现场直播活动合影（黎明提供）

要冲上去。所以编辑部的很多人特别羡慕我们播音部，觉得在电台的大组织下，我们的小团队有蓬勃向上的精气神。”

路芳还通过举例的方式详细给我们介绍了关山在吐字归音方面对她们的指导。“在我的印象中，关山老师瘦瘦的，一支派克笔，一辆老旧的凤头车，穿一件黑色的‘皮猴儿’，一个口袋里放着两毛钱一包的花生米，另一个口袋里放一块馒头。到了办公室以后，把皮猴儿脱了，把花生米和馒头拿出来，吃一个花生米吃一口馒头，然后8:30以后就去录音了。后来我做早班新闻时，他每天都会听。有一次他告诉我，我嗓子不干净，有毛刺，问我早晨有没有开声。我说有的时候来不及。然后他就告诉我他清嗓的方法，‘头一天晚上搁一块馒头在桌子上晾干，早晨起来一边背稿子，一边嚼干馒头，然后把它咽下去。用馒头就能把你的嗓子清理干净’。后来我们就这样做了，清嗓效果特别好。关山老师还要求我们吐字要清楚，声音要洪亮。那时候每周二下了班之后，大家要留下进行集体学习，围坐在一起轮流读两报一刊上的文章。虽然是一种政治学习，但是谁读得不好，散了会之后要留下。他说读的时候不能囫囵吞枣，要字字珠玑，要大珠小珠落玉盘。从那时起，我就严格要求自己的发音吐字，平时讲话也讲得非常清楚，我也把这个方法告诉了我的学生们。”

在路芳第一次上节目时，关山也对她的节目进行了指导和评价。“我的第一次节目是预告节目。‘天津人民广播电台本台第一套节目现在开始播音’，类似这样的预告。我刚刚讲过，老师告诉我们，在职业素养上，节目不分大小，坐在话筒前就是党的宣传员。所以我在话筒前会有一种仪式感，就会端起来，然后气息就不够用。我播完了以后，他就会跟我说，我的声音是颤的，我把声音提得那么高，气息沉不下去，听众听着就会觉得累，坐在话筒前不仅要端庄要大气，还要有亲和力。1976年7月28日唐山大地震爆发之后，我跟节目组的老师们到我们的发射台去直播。那是我从业后的第一次直播，那年我 21 岁，那也是‘文革’之后天津电台的第一次直播。我的话只有短短的几句，‘天津人民广播电台本台第一套节目，现在开始播音。下面转播中央人民广播电台节目’。但我播得很庄重，声音没有颤，我能把这几句话播好也源于老师当年对我的教诲。”

图 8-10：姚喜双缅怀关山老师而作（姚喜双提供）

路芳还给我们讲述了唐山大地震后，天津台的一些情况和关山当时从事的播音工作内容：“唐山大地震之后，有一段时间我们在转播中央人民广播电台节目，电台受到地震的影响是很严重的，当时电台的设备、老播音楼、发射台等多多少少都受到了影响。所以，为了安全起见，我们就转播中央台的节目，大家都忙着在院子里搭建临时棚。那时候关山老师每天也都要到岗。关山老师带着我们同门的一个师妹，在成都道的天津体育馆，做了抗震救灾的直播。”关山也跟路芳一起主持过工人节目、农村节目、少儿节目等，他对路芳的表现是比较满意的。

路芳回忆：“七十年代，电台的节目都是录播的。关山老师就要求我们每篇稿子要用读稿的三倍时间去看稿或者备稿。也就是说如果拿到了 20 分钟的专题节目，必须用至少一个小时看稿子。他要求我们先不出声认真地看一遍，用笔画重音、画断句，然后再去录音。新同志在录制之前一定要找老同志试读稿子，这样新同志就在第一时间杜绝了错别字，老同志也能在播音技巧上给新同志一些指导。这也是关山老师在探索播音队伍建设过程当中提出来的一种方法，叫‘以老带新’。”

路芳对关山的作品印象比较深刻的有长篇小说《英雄》《四世同堂》

《桐柏英雄》，还有《雷锋之歌》。在采访的最后，路芳也对关山做了高度的评价："关山老师是我国著名的长书演播家，他播讲的长篇小说还有长诗，那真是深入人心啊。他的播讲栩栩如生，一人千面，有感而发，一气呵成，非常打动人心。关山老师在天津的播音队伍建设上是有建树的。他培养了一代又一代播音员、主持人，他到了耄耋之年依然带学生。学生上门求教，他从来都不会回绝，这一点也是体现了他对广播事业的鞠躬尽瘁。关山老师在我们天津广播人的心中就是一座山，我们会仰望他，我们会纪念他，我们永远不会忘记他。老师走了，但他对广播精益求精的精神留下来了。我们这一代人现在也从一线退下来了，愿一代又一代的后来者把天津的广播精神接过来、传下去，永远做热爱祖国、热爱党、热爱人民的播音员。"

（路芳口述）

后 记

习近平总书记指出：人类社会每一次重大跃进，人类文明每一次重大发展，都离不开哲学社会科学的知识变革和思想先导。历史表明，社会大变革的时代，一定是哲学社会科学大发展的时代。这是一个需要理论而且一定能够产生理论的时代，这是一个需要思想而且一定能够产生思想的时代。我们不能辜负了这个时代。百年中国播音史，历经家国变迁、沧海桑田，取得了弥足珍贵的发展以及令人瞩目的成就。国家社会科学基金项目“中国播音口述史”（1978 年至今）（项目号:19BXW040），发轫于斯、成长于斯，在中华大地上，撷取宝贵的思想明珠与精神火炬，秉承着“记录历史、继往开来”的使命与责任感，通过对改革开放以来具有代表性的播音员、主持人进行口述史访谈，以期描绘出中国播音历史的壮丽画卷，多角度总结播音主持事业历史脉络及发展规律，创新中国播音主持研究思路，扎实推进中国播音主持理论体系建设。

“中国播音口述史”项目组于 2019 年 9 月正式启动口述史采访工作，至 2020 年底项目组已通过线下访谈，对 30 位具有代表性的播音艺术家进行了口述史访谈，其中根据现实情况等综合因素，口述史的实际采访对象分别包括播音艺术家本人、亲属、同事等，如林如女儿王雪纯、王雪征，关山学生刘青、路芳、黎明等。通过口述过程的耳闻目睹，我们自觉备受教育，亦更加敬重他们。采访与整理工作过程时间较长，播音艺术家们的播音业务成长发展史丰富多姿、各具精彩，项目组在最后定稿时以时间轴为序，选取共和国时期的重要播音员，对采访口述史料进行编写，结集为“中国播音口述史”第一卷：《共和国之声——中国播音口述史》。

“中国播音口述史”项目的课题，从酝酿到最后完成，前后历时两年多光景。书稿出版之际，首先要深切地感谢我的博士生导师、项目组的总策划——国家督学、教育部语言文字应用管理司原司长、中国传媒大学博士生导师姚喜双教授，他从思路、方法、资源等多方面予以高屋建瓴的指导以及各方面的鼎力支持，使课题得以顺利进展，当前项目已经进入中期阶段。本项目一方面力求以习近平新时代中国特色社会主义思想为指导，探索中国特色社会主义新时代播音主持事业发展的新路径，开辟中国特色社会主义新时代播音主持创作道路，为造就一支政治坚定、业务精湛、作风优良、党和人民放心的播音主持宣传工作队伍集思广益；另一方面以期创新中国播音主持教育实践，挖掘复合型高素质的科研和实践人才，逐步建立辐射全国的校际专业交流机制和覆盖全国的校媒人才（合作）培养机制。

在此，我郑重感谢所有参与“中国播音口述史”项目录制的播音艺术家及其亲朋好友们。齐越口述史，由齐越老师夫人杨沙林提供文献资料，姚喜双、敬一丹、雅坤三位老师共同完成；葛兰和夏青口述史，由葛兰老师本人和姚喜双老师分别口述；林如口述史，由虹云、姚喜双、刘郎和林如女儿王雪纯、王雪征共同完成；沈力口述史，特别感谢中华女子学院吴倩老师的全力支持和无偿贡献；陈醇口述史，由陈醇老师本人口述，一并感谢其家人的特别支持；关山口述史，除关山老师本人口述外，感谢他的学生天津人民广播电台刘青、路芳和黎明，他们不仅参与了录制，还搜集了几十年前宝贵的音视频资料。在录制过程中，播音艺术家们所体现出的家国情怀、爱党爱民的老一辈革命精神和风范令人动容，一丝不苟、严肃认真的工作态度和业务能力让人敬仰，低调做人、高调做事的为人处世智慧和风范引人深思，举止言谈中无不体现着真诚、善良、认真、开朗、自尊、优雅的良好素养。忘不了葛兰老师不吃饭坚持连续录制八个小时的敬业精神；忘不了虹云老师的激情澎湃和回忆中情到深处的潸然泪下；忘不了姚喜双老师对于播音前辈如数家珍的讲述；忘不了敬一丹老师回忆齐越老师时的严肃认真、一丝不苟的精神；忘不了王雪纯不仅带来了宝贵的俄罗斯之旅等影像资料，还穿着妈妈林如亲手编织的针织毛衣参加录制以及刘郎和王雪征对于林如的口述……同样感谢中央广播电视总台化妆师母志虎老师在拍摄及录制等工作中给予的充分帮助，没有虎子工作室的支持，项目组很难在这样短的时段里高质量完成访谈，在这里，也向虎子工作室深表谢忱。

作为中国播音历史发展变迁的亲历者与见证者，同时也是重要的参与者，老一辈播音艺术家们将自己的青春韶华与满腔热血毫无保留地投入到祖国的播音事业中去，为播音行业的后续发展奠定了坚实的基础与牢固的根基，也正是因为他们不辞辛劳地口述和记录，才让中国播音事业在历史剪影的回顾中变得有血有肉、鲜活生动。口述资料是以记忆为依据的，播音艺术家们由于身体状况和记忆的偏差，加之部分口述者年事已高，其所述内容难免不能完全准确客观地还原历史，在采写过程中，项目组通过笔录、录音、录影等手段，记录他们的回忆而保存口述内容，秉承客观的态度对口述资料加以整理。在整理时，尽可能地保持了资料原貌，避免主观删减，同时查阅相关历史资料加以注释与论证，但是由于我们的才疏学浅，错漏在所难免，敬请读者指正。

同时，我还要代表项目组全体主要成员：于运全、秦军、陈央、仇国瑞、刘亮、尹素伟，共同感谢浙江工业大学人文学院领导李剑亮、王哲平、张晓玥、何星洲、钱国莲、马晓坤、邵鹏一同带领项目组完成了书稿的整体工作。北京大学新闻与传播学院硕士蒋启迪，北京体育大学新闻与传播学院学生柳佳琳，中国传媒大学硕士陈德楠，暨南大学新闻与传播学院学生沈歆，浙江工业大学人文学院研究生黄昕、袁缘、杨禹、周宣好、隋育杉、李洋、徐晓依、赵悦和播音与主持艺术系学生秦宇杭、曹颖、邹运、蔡云龙、郑哲辉，作为课题组成员，出色地履行了自己的职责，一同参与了采访提纲的准备、现场访谈，并根据录音整理出初稿，进行校对以及整理工作，担负了重要的基础性工作。在项目开展过程中，在传承时代声音的使命感和时不我待的紧迫感的感召下，项目组成员夜以继日地辛勤工作，用孜孜不倦的努力为播音历史的传承贡献出当代生力军的力量。项目开展过程中，根据口述采访对象的不同所在地，项目组辗转杭州、北京、天津、上海等地，废寝忘食的情况经常发生，非常感谢家人、同事们在项目推进过程中给予的无私理解以及大力支持，本卷书稿的背后也凝结着他们的付出与贡献。

最后我还要向浙江大学出版社徐婵老师致谢，这部记录中国播音历史的著作，由浙江大学出版社出版发行，编辑工作的严格、认真，让本书的质量得到了保障。本书不仅可以为中外历史学家特别是播音主持工作者提供原本很容易就散失掉的第一手资料，而且能够为培育民族精神提供历史的营养。口述历史永远在路上，书中错误、纰漏、瑕疵一定还有很多，直到书稿交付出版社排版之后，我还不断发现大小错误，不断申请增删修改，真是校书如扫叶，未有穷尽时，诚望读者批评指正，也希望明眼之人不要把本志书的记叙都视为“定论”。

四十余年来，每个历史时期都赋予了中国播音主持事业新的发展路径和时代烙印。1978 年以来，中国播音主持事业涌现出很多具有标志性、影响力的节目和主持人。他们作为中国广播电视事业发展的亲历者，见证了中国播音主持事业大踏步向前迈进的历史。然而，随着老一辈的播音主持工作者相继离世，一些生动形象地反映当年播音主持工作真实细节的史料渐渐缺失。“中国播音口述史”（1978年至今）的立项与启动，是一项抢救性发掘、收集与整理中国播音主持群体口述史料的重要课题，已刻不容缓，期待有更多热爱播音主持事业的研究者一起记录播音历史。

李　颖

2021年4月9日

图书在版编目（CIP）数据

共和国之声：中国播音口述史. 第一卷 / 李颖，邵鹏编著；姚喜双主编. -- 杭州：浙江大学出版社，2022.10
ISBN 978-7-308-23067-4

Ⅰ. ①共… Ⅱ. ①李… ②邵… ③姚… Ⅲ. ①播音—新闻事业史—中国—现代 Ⅳ. ①G229.297

中国版本图书馆CIP数据核字（2022）第172676号

共和国之声：中国播音口述史 第一卷
李　颖　邵　鹏　编　著
姚喜双　主　编

策划编辑　徐　婵
责任编辑　徐　婵
文字编辑　汪淑芳
责任校对　张培洁
封面设计　程　晨
出版发行　浙江大学出版社
（杭州市天目山路148号　邮政编码　310007）
（网址：http://www.zjupress.com）
排　　版　杭州林智广告有限公司
印　　刷　杭州钱江彩色印务有限公司
开　　本　710mm×1000mm　1/16
印　　张　16.25
字　　数　202千
版 印 次　2022年10月第1版　2022年10月第1次印刷
书　　号　ISBN 978-7-308-23067-4
定　　价　58.00元